アクティブ・ラーニングの条件

しなやかな学力、したたかな学力

堀 裕嗣

小学館

■装幀＆装画
石倉ヒロユキ（レジア）
■本文ＤＴＰ
永井　俊彦（ラム・デザイン）

アクティブ・ラーニングの条件

しなやかな学力、したたかな学力——目次

まえがき

こんにちは。堀裕嗣（ほり・ひろつぐ）です。お初にお目にかかるという方は以後お見知りおきを。見かけは怖いですけれど、割といいヤツです（笑）。

さて、アクティブ・ラーニング（以下「ＡＬ」）の流行とともに、教育界が喧しく（かまびす）なって数年が経過しました。その喧しさがあまりに喧し過ぎたのか、文科省は「ＡＬ」という言葉を引っ込めてしまいました。代わって提示されたのが皆さんもよくご存知の通り、「主体的・対話的で深い学び」というフレーズでした。

実は、僕もまたＡＬ流行の喧しさに眉をひそめる者の一人でした。ＡＬは子どもたちが小集団活動を楽しめればいい、小集団交流で盛り上がればいい、その喧しさにそんな印象を抱いていたからです。まるで、教師から見て子どもたちが楽しそうにおしゃべりしていればＡＬが成立しているかのような、若い教師を中心にそんな雰囲気があったように思います。そこにどのような「学び」を成立させなければいけないのか、子どもたちがどういう状態になればＡＬは成功したと言えるのか、そうした議論がほとんどなかったようにも感じていました。もちろん、大学や高校ではもう少し詳細に議論されていましたが、少なくとも義務教育ではこうした雰囲気が蔓延していたと言って、まあ間違いないのではないかと思います。

そこに颯爽と登場したのが「主体的・対話的で深い学び」でした。もちろん行政が提示する言葉ですから審議会で最大公約数的につくられた文言なのでしょうし、どこまで本気でつくられた言葉なのかあやしいところもないわけではありません。しかも、今後、各地教委によってどのような解釈が施され、どのように普及していくのかも未知数の部分がたくさんあります。しかし、このキーフレーズに「深い」の一語が入ったことでそう簡単に「これこれをすればいいんだよ」とは言いづらいものになったように思います。これがもしも「主体的・対話的な学び」だとしたら、これまで同様「AL祭り」に興じることも許されたでしょうが、「深い学び」と言われてしまうとだれもが考えざるを得なくなります。いったい「『学びの深さ』とは何なのか」と。

AL流行が喧しかった頃、義務教育の世界では（特に小学校では）「ALはこれまでやってきたことだ」「いままで通りの授業をしていればALになる」との言葉が指導主事や指導・助言の校長らからよく聞かれました。僕はそれを聞きながら「おいおい、何言ってんだ……」と感じていたものですが、今回のキーフレーズの変更はそうした物言いも退けることになったように思います。「『主体的・対話的で深い学び』はこれまでやってきたことだ」「いままで通りの授業をしていれば『主体的・対話的で深い学び』になる」とは、指導主事も校長連中もさすがに言いにくいでしょう。「主体的・対話的で深い学び」というキーフレーズの提示は、若い教師だけでなく、自信過剰のベテラン教師や改革を形骸化しようとする抵抗勢力をも黙らせる意図があったのかもしれません。

「主体的・対話的で深い学び」というキーフレーズは、「アクティブ・ラーニング」のようなイメージ語ではありません。「アクティブ・ラーニング」ならば、その解説の中にある「アクティブ・ラーニングとはこういうことだ」を読まなければその意図はわからない。「新学力観」とか「ゆとり教育」とか「心の教育」とか、こうしたわかったつもりにさせてしまうイメージ語も同様です。その文言だけでは何もわからない。しかし、「主体的・対話的で深い学び」は違う。このフレーズの中には何を措いても自分の頭で一度じっくり考えなければならない要素がたくさんあります。

例えば、「主体的・対話的で深い学び」と「主体的・対話的な深い学び」とはどう違うのか。「で」と「な」を複数の辞書で調べて、長い時間をかけて考えてみるくらいのことはしなければなりません。

例えば、「主体的・対話的」と「主体」と「対話」には「的」が付いているのに、なぜ「深い学び」のほうは言い切っていて一切の濁りがないのか。「深い」は「できるだけ深い」を目指せということなのか。それとも「深い学び」というものが厳然とあるのか。そもそも「学び」の「深さ」とは何か。

例えば、「主体的」と「対話的」の間の「・」（＝ナカグロ）の意味は何か。なぜ、「、」（＝読点）ではなく「・」なのか。ナカグロと読点の違いは何か。それが「主体的」と「対話的」を並列させている意味は何か。

こんな疑問が次々と浮かんできます。おそらくただ「AL祭り」に興じていた軽薄な輩や、「私たちはこれまでもALをやってきた」と言う厚顔無恥な輩は、そんなことを考えもしないのかもしれません。

本書はAL流行が喧しかった頃に教育雑誌に書いた原稿をもとに加筆修正したものに、道徳の授業づくりに関する新稿を加えて構成したものです。僕が当時、AL流行に伴う「認識の軽さ」とでも言うべきものに警鐘を鳴らす意味で書いた文章を中心に構成されています。当時の僕の「どうすればALで『学び』を成立させられるか」という問題意識が色濃く反映されていると言って間違いありません。

本書が読者の皆さんにとって、新時代の幕開けに少しでも参考となれば望外の幸甚です。

第一章

しなやかな学力、したたかな学力

一　この国のカタチ

いつの間にこんな時代になってしまったのか——最近、そう感じることが多くなりました。なぜこんな時代になってしまったんだろう——そう考えることも多くなりました。感じたり考えたりすることが多くなったと言うよりも、感じざるを得なくなった、考えざるを得なくなったと言ったほうが適切かもしれません。

かつて学校教育はこの国のカタチと地続きでした。少なくともいま学校でなにが行われているかの全体像が、なんとなく人々に見えていました。ですから、政治や行政が新しい教育制度や教育手法を導入しようとすると、必ず国民的な議論が生まれました。教師たちも時代の教育の意味・意義を真剣に考え、真剣に学び、真剣に手法を開発していました。スタンスや手法はいろいろありましたが、教師は自分が政治の一端を担う立場にあることを意識していて、だれもがこの国のカタチを意識していたのです。

それがいつしか、教育はそれ自体が独立した神聖なものになっていきました。政治や行政はその神聖なものを後押しする政策を策定するための機関と目されるようになりました。しかし、政治とは本来、そういうものではありません。明確な国家戦略があって、それを実現するために学校教育制度を改革し、整備し、そのシステムを根付かせようとするものです。

文部科学省からアクティブ・ラーニング（以下「ＡＬ」）の導入が提示されました。その後、「主体的・対話的で深い学び」と改められた経緯はありますが、まあ、「ＡＬ」と言って良いでしょう。

大学現場や高校現場にはさまざまな反対論が渦巻きましたが、義務教育にほとんど反対の声が上がらないのを僕は不思議に思っています。「道徳の教科化」には反対するのに「ＡＬ」には反対しない。「道徳の教科化」なんて比較にならないほどに、学校教育をドラスティックに変革しようとする提案なのに……。教師の在り様も教師の労働条件もかなり危うくしかねない提案なのに……。義務教育の現場人も指導主事も、ＡＬをちょっと活動的な、子どもたちの喜ぶ学習手法程度に考えています。

あらかじめ申し上げておきますが、僕はＡＬの導入に反対ではありません。それどころか、国の提案が遅きに失したとさえ感じているほどです。しかしそれは、授業を活動的にしたほうが良いとか、子どもたちが喜ぶ顔が見たいとかいった浅薄な理由からではありません。こんな学校教育を続けていたら国が滅ぶ、日本人が生きていけない、そう思うからです。

この国はカタチを変えなくてはならない。この国のカタチを変えるには、おそらく現在が最後のチャンスだ。数十年かけて、さまざまな領域でさまざまな努力を重ねなければならない。そしてその意味で、教育界はＡＬに本気で取り組まなければならない。僕は基本的にこうした認識を抱いているのです。

二　政治の立場と教師の立場

ごくごく簡単に言えば、ＡＬは「エリート教育」です。ＡＬはこの国を魁として引っ張ってくれるような有能な人材を育成するための教育理念です。いわば、中長期的に能力開発の〈トリクルダウン〉を目指して、中長期的に日本経済の〈トリクルダウン〉を目指す、そうした意図をもった文教政策です。当然のことながら、学ばない教師、考えない教師、力量のない教師、つまり「普通の教師」たちが黙ってただ導入すれば、それが機能するのは上位の子どもたちだけです。おそらくは上位数パーセント程度に過ぎないだろうと僕は思っています。ちょっと頑張る教師でも、かなり頑張ってせいぜい二割か三割。僕は正直、そう感じています。

一九八〇年代の臨時教育審議会以後、この国が「個性化教育」の名を借りて進めようとしてきた教育改革は、一貫して「エリート教育」でした。「新学力観」然り。「ゆとり教育」然り。「総合的な学習の時間の創設」然り。実は「心の教育」や「道徳の教科化」のほうがずっと中流層や下流層を射程に入れた提言でした。かつて総合的な学習の時間の創設に際し、教課審座長のある識者が「数パーセントのエリートを育てれば良い、あとは規範意識だけもてば良いのだ」という趣旨の発言をして顰蹙（ひんしゅく）を買ったことがありましたが、此度のＡＬの導入も発想としては同じです。この国はグローバルに通用するエリートを育てないともたないのです。

しかし、僕らは学校現場を住処とする現場人です。教師は数パーセントのエリートだけを相手にするわけにはいきません。この国の魁を育成すると同時に、エリートでない大多数の子どもたちに幸せな人生を、幸福感を抱くことのできる人生を送るための土台を築き、指標を与えてあげなければなりません。

ＡＬの導入に際して、これを少しでも機能させようと思えば、おそらくそこには二つの道があるのだろうと思います。

一つは、学校教育のシステムをエリートとそれ以外に階層化することです。要するに、義務教育から「習熟度別学級編制」や「能力別学級編制」の方向に大きく舵を切ることです。もう一つは、ＡＬを数パーセントのエリートだけでなく、大多数の子どもたちにも機能するようにつくり変えることです。言っておきますが、これまでのように中流層・下流層に合わせるという話ではありません（これまでの教育は、中の下くらいに授業の難易度や進度を合わせてきたので、「落ちこぼれ」と「吹きこぼし」の嵐でした）。エリートにも機能させながら、中流層・下流層にもちゃんと機能するような理念・手法を開発するということです。

前者の習熟度別や能力別は、日本人の差別嫌いの傾向から大きな抵抗を招くでしょう。加えて、エリートだけで集団教育を施した場合、そもそも中流層・下流層とともに過ごした経験をもたないエリートがほんとうにエリートたり得るのかという問題も生じます。上を尊び下を切るという政策ばかり提案する人を、僕らはエリートとは呼びません。僕らは「エリート」と言えば、みんなを幸せにするために自らの能力を使い続ける、大義を重んずる視野の広い人間をイメージします。階層分け教育などをしていては、二世議員や、自分のことばかりを考える上流階級に対して僕らが抱く不満を拡大再生産することになってしまいかねません。しかも、税金を使って新たな教育システムで後押ししようというわけですから、学校教育としては不適切なものになってしまいます。

つまり、どう考えても、僕ら教師の仕事は後者ということになるのです。そしてそれは、とことん難しい。そんな授業像や学級経営像が生半可なことで開発できるとはとうてい思えません。

三　ALの三つの可能性

僕はALを、〈手法〉ではなく〈思想〉だと捉えています。学習内容の習得や定着はもちろん、対話の能力や技術を高めるとともに、子どもたちの人間関係まで醸成しようという、いわば「一石三鳥」をねらう思想、それがALです。

1　学習内容の習得・定着の側面から

最近の子どもたちは〈座学〉に向かないと言われます。ここで言う〈座学〉は旧態依然の〈一斉授業〉を指すと思っていただいて構いません。一斉授業とは、大勢の子どもたちに効率的に知識・技術を伝達するための授業方法のことです。この授業方法がこれまで大きな成果を上げてきました。

しかし、一斉授業というものは、全国民が身につけるべき知識・技術が明確に規定されていることを前提としています。時代に国民全員が身につけるべきだと国民的コンセンサスを得られるような知識・技術がなくなってしまった（「なくなってしまった」は言い過ぎで、ほんとうは「少なくなった」と言うべきかもしれない）とき、一斉授業は効力を発揮したくても発揮できなくなるのです。現在はごくごく簡単に言えば、時代の知識、時代の技術がすぐに古くなる、知識や技術の賞味期限が短くなってしまっている時代です。そのときには必要だと思われ、一生懸命に身につけた知識・技術が、十年後にはまったく不必要になってしまった、そんな経験が皆さんにもあるのではないでしょうか。やっと使いこなせるようになった機材が世の中からなくなってしまった、そんなこともたくさんありました。

そこで知識や技術を身につけることよりも、現実社会で起こるさまざまな問題・課題に対して、新しい技術を開発し、新しい知識を創造する力のほうが重視されるようになったのです。以前からそう言われ続けてはきたのですが、この発想を教育界が真剣に抱かざるを得ない世の中になってきたのです。そのことに文部科学省も大学知識人も現場教師もみんな気づき始めたのです。新しい時代の学習思想を本気で模索しなければならないところに追い込まれたわけです。遅きに失したとはいえ、今回、行政が行程表までつくって本気でＡＬを導入しようとしているのも、おそらくそういうことなのだろうと思います。

〈座学〉モデルを〈ＡＬ〉モデルに切り替えるということは、最も卑近な例で言えば、大学の〈講義〉モデルを〈演習（ゼミ）〉モデルに切り替えることを想定すればわかりやすいと思います。ゼミ生で協力し合いながら、体験したり交流したり議論したりするわけです。読者の皆さんも学生時代のことをちょっとだけ想い出してみてください。講義で学んだこととゼミで学んだことと、どちらがその後の自分にとって、学びとして血となり肉となっているかということを。どちらが現在の自分に活きているかということを。

学びには「聞く」よりも「見る」ほうが、「見る」よりも「調べる」「交流する」「議論する」のほうが、「調べる」「交流する」「議論する」よりも「体験する」「制作する」のほうが長く定着するという原理があることは、各種データの証明するところです。従って実業系の高校や専門学校、大学のように目的のはっきりした学びの場では、これまでもALに近い発想で運営されてきました。

しかし、小中学校は基礎学力を身につける場と認識されてきたので、ALよりは座学、要するに一斉授業の形態が主流だったわけです。しかし、その「基礎学力」という概念そのもの（賞味期限を含む）があやしくなってきました。ここに義務教育にもALを本格的に導入しようとする根幹的発想があるのだと僕は感じています。

2　対話の能力・技術の側面から

第二に〈対話〉の能力や技術を身につけることの必要性が高まったことが挙げられるで

しょう。

現代は情報化社会と言われます。消費社会とも言われます。と同時に、国際化社会とも言われます。高度な情報化や消費化や国際化が人々に浸透することによって生まれるもの、それは端的に言えば人々の〈多様化〉です。多様な人々がともに暮らす社会において、最も必要とされるのは、言うまでもなく〈対話能力〉でしょう。利害の一致しない人々が、お互いの立場に配慮しながら〈対話〉することによって、できれば〈ウィン-ウィン〉の落としどころを模索していく……そうした営みがとても大切な時代になってきました。

かつての日本は非常に単一民族国家に近く（近かったということであって、決して「単一民族国家」ではありませんでしたが）、大きくは国家の政治から小さくは家族の営みまですべてが以心伝心を旨に運営されてきました。〈多様化社会〉によってそれが壊れました。壊れたは言い過ぎにしても、すっかり薄まってしまったのです。思いの丈や感情、自らの利害をちゃんと言葉にしなければ伝わらないということが増えてきました。互いの立場に配慮しながら〈対話〉することの必要性が大きく高まりました。こうした世の中が形成され、〈対話〉の能力や技術を身につけることが必要とされるようになったわけです。

これまでの日本は以心伝心を旨としていたため、大切なのは「思いやり」だとか、「配慮」だとか、「協調性」だとかいった抽象的な思想、もっと言うなら〈合い言葉〉をみんながもつだけで、少なくとも日本人同士のコミュニケーションであれば機能させることができました。しかし、〈多様化社会〉の本格的な到来（ここにはいわゆる「グローバリゼーション」がもたらした国際的な基準、世界標準と呼ばれる価値観も含まれる）によって、互いの現実的な利害にまで配慮し合いながら〈対話〉することが強く求められるようになったわけです。ここにも、ＡＬを本格的に導入しようとする発想が強まる所以があります。

現在、ＡＬと並んで、政治や行政が本気で導入しようとしているものに「外国語教育」がありますが、これも実は同様の発想から来ています。

小学校英語にしても中高の英語教育がコミュニケーション重視に移行していることにしても、また、中学校で実質的な必修教科において英語の時数が最も多くなっていることにしても、年配者を中心に疑問の声が上がっています。将来、国際的に仕事をするビジネスマンなんて、いったいどれだけいるというのか……これがそうした疑問の最も顕著な例でしょう。しかし、こうした声は、エリート教育の一環として、国際的な企業が外に出て行って英語を使うことを考えています。でも、英語教育とはそういうものではありません。

国立社会保障・人口問題研究所によれば、二〇六五年の日本の人口は八八〇〇万人あまり、うち三四〇〇万人が六十五歳以上の高齢者になると推計されています。現在は二〇一七年のデータで総人口が一億二六五三万二千人、高齢者が三五一六万三千人ですから、パーセンテージで比較すると高齢者は現在の二五パーセント程度から四〇パーセント程度まで上昇することになります。二〇六五年の六十代後半は現在二十歳前後の人たちです。現在の若者たちが高齢者となったとき、この国はいったいどうなっているんだろう、現時点ではだれも想像がつきません。ただ一つ言えるのは、いま僕たちが接している子どもたちは更に若いわけですから、この比率よりも更に厳しい時代を生きていくのだろうということです。出生率はこの十年間、一・四前後を推移してきました。二〇〇五年に底と言われた一・二六からそれほど上昇しているわけではありません。ここ一、二年は出生率が若干上がったと政府は喜んでいますが、これが続く見通しがほんとうにあるのかどうか予断を許しません。いずれにしても、日本の人口が急激に増加していた戦後間もなくの出生率が四・五程度だったことを考えると、その差には愕然とさせられます。

この国の近代には二度の歴史的な経済成長期がありました。一つは、開国後の帝国主義的な成長期。要するに、富国強兵・殖産興業を合い言葉に西洋に追いつき追い越せと一丸となった時期です。もう一つは、言わずと知れた戦後から七〇年代までの高度経済成長期です。しかし、意外と知られていませんが、この二つの時期は、日本の人口が急激に増加した時期でもあるのです。

江戸時代末期の日本の人口は、三五〇〇万人程度だったと思われます。しかし、昭和初期の人口は八〇〇〇万人近くになっていました。要するに、開国後の経済成長は、四〇〇〇万人以上の人口増加とともにあったのです。また、戦後の人口は七四〇〇万人。それが八〇年代には一億二〇〇〇万人を超えていましたから、高度経済成長も四〇〇〇万人以上の人口増加とともにあったのだと言えます。言わずもがなですが、人口が増えると内需が拡大します。経済成長の基盤ができあがります。

しかし、今後五十年間は、逆に人口が四〇〇〇万人減少するのです。しかも、こんなにも急激な人口減少はかつてどの国も経験したことがなく、こうした時期にどんなことが起こるのか、だれにもわかりません。モデルも教科書もないのです。

二〇一五年、日本の外国人観光客が二〇〇〇万人を超えました。この国の内需を拡大させるためには、外国人観光客をこれからどんどん増やしていかなければ経済的に苦しい。東京オリンピックもそのために開かれます。二〇二五年には再び大阪万博も開催しようという動きになっています。現在、二〇〇〇万人しか来ない外国人観光客を、将来的には安定的に五〇〇〇万人とか八〇〇〇万人とかにしたい。おそらく国はそう考えているはずです（実は観光を重要な産業としている世界の国々では、自国の人口以上の、あるいは自国の人口に匹敵するほどの外国人観光客を呼び込んでいる国がたくさんあります。小さな国ばかりではありません。フランスやスペインがまさにそのような国です）。

ここ数年、シリアの難民が話題になっていますが、難民の受け入れだって少しはしなくてはならなくなるでしょう。今後、いつ、北朝鮮難民が押し寄せてこないとも限りません。とすると、実は外国語教育というのは、エリートだけに必要なものではないということなのです。一人で、或いは一家族で農業や製造業に従事するのでない限り、国民のだれもに必要なスキルになってくるのです。いいえ、おそらくは農業や製造業だって、現在以上に外国人労働者とのコミュニケーションが必要とされるようになるでしょう。外国人の指導を受けながら、農業開発していくなんてことも考えられるかもしれません。それも、英語とかフランス語とかドイツ語とかスペイン語とかだけでなく、中国語とか韓国語とかも含めてです。そうでないと仕事がないという状況が現れるわけです。翻訳機能のＡＩに期待する向きもありますが、いちいち翻訳機が介在するコミュニケーションがコミュニケーションと言えるのか、そんなコミュニケーションがほんとうに機能するのか、僕はあやしいと感じています。たとえそんな機能が可能だとしても、さまざまなコミュニケーション障害が出ることは間違いないでしょう。

また、例えばこういうこともあります。僕は現在、五十三歳ですが、実は子どもがいません。僕を介護施設で介護してくれる介護士さんは、外国人なのではないだろうか。介護職員が少人数で済むような劇的な技術開発がなされるとか、介護業界から３Ｋイメージが完全に払拭されて日本人が喜んで就く職業になるとか、そんな想像しづらい未来が開けない限り、僕のこの想像は間違いなく当たるだろうと僕は思っています。看護とか保育とか、みんなその可能性がある。学校の職員室にも、外国人はいまは一人か二人ですけれど、数十年後には十人くらいいるのが当然という世の中になるかもしれない。

外国語が話せることに止まらず、おそらくは、だれもが外国人と対話できることが求められるようになる。ＡＬの導入が国家戦略と連動しているということは、例えばこういうことなわけです。

3 人間関係の醸成の側面から

第三は少し複雑です。

皆さんは若者たちが〈ヤンキー化〉していると主張する論者が最近増えていることをご存知でしょうか。これを知らなかったとしても、「マイルドヤンキー」という言葉くらいは聞いたことがあるのではないでしょうか。また、もう一つ、昨今、「特別な支援を要する子」が増えてきていると言われることは、識者の主張からも、教師としての実感からもおわかりかと思います。実は三つ目の視点は、この両者が複雑に絡み合います。

最近の若者は地元志向が高まったと言われています。かつてほど都会に出たいという志向性をもたず、進学先も就職先も地元志向。結婚して新居を構える際にさえ、実家からふた駅程度のところに住むことが多いと言われます。また、高校はもちろん、大学に進学した後にさえ、放課後や休日に一緒に遊ぶ仲間は小中学校の友人、つまり地元の仲間であることが少なくありません。

この傾向が就職しても続きます。それどころかその地元の仲間内でカップルを形成し、結婚しても子どもができても、その地元仲間と一緒にワンボックスカーでドライブに行ったりバーベキューに行ったりする。要するに、二十代になっても三十代になっても、地元の仲間と強い絆で結ばれ続け、それを拠り所として生き続けるわけです。この傾向は学齢期の学力が低ければ低いほど顕著です。そういう特徴があります。これが〈ヤンキー化〉と呼ばれる現象の顕著な特徴の一つです。

現代は男性の三人に一人、女性の四人に一人が生涯独身の時代です。また、結婚したカップルの三組にひと組は離婚する時代でもあります。時代の産業は十年を周期に移り変わり、まさに「諸行無常」「盛者必衰」の世の中でもあります。時代のトップ産業が十年後もトップであることはまず考えられません。それどころかその産業が十年後に存在するかどうかさえあやしい時代なのです。事実、新たに起業された企業の寿命は現在、平均三、四年とも言われます。つまり、職を失ったり収入が激減したりということが頻繁にあり得る社会だということです。

一人暮らしの男性がリストラに遭ったり、病気になって職を失ったりする。専業主婦の女性が離婚してなかなか職が見つからない。男女ともに親の介護が必要になって職を辞すという事例も多々見られます。要するに、現代は、いつ貧困に陥るかわからない、貧困リスクの高い社会なのだと言うことができます。しかもこうしたリスクは、哀しいことですが、普通学級にいる「特別な支援を要する子」ほど高くなります（大嫌いな言葉ですがわかりやすいので敢えて使わせていただけば、「グレーゾーン」と呼ばれる子どもたちほどリスクが高くなるわけです）。この国は障害者手帳をもつ人に対するセイフティネットにはそれなりに手厚いものがありますが、そうでない人へのそれは決して手厚いとは言えない現実があります。

さて、そうした子が二十代、三十代で心ならずも貧困に陥ったとしましょう。そのとき、その子は、いつも一緒に遊び続けてきた仲間たちを頼るでしょうか。強い絆で結ばれた、子どもの頃からの仲間であるからこそ、自分のことで迷惑をかけたくないと感じてしまうのではないでしょうか。親に迷惑をかけたくないという多くの若者たちと同じように。こうした思考傾向を示すことが我々日本人の大きな特徴なのです。

もちろん、この国にはさまざまな社会的なセイフティネットの制度が用意されています。

しかし、その子たちはスマホはいじれても、書類などほとんど書いたことのない子どもたちです。社会的なセイフティネットにどうアクセスすれば良いのかさえ知らない子どもたちなのではないでしょうか。

ＡＬは多くの場合、小集団を基本単位として構想されます。しかも、だれとでも交流し議論できることが目指され、その小集団は頻繁につくり替えられます。要するに、対話する相手が流動化されるわけです。協同学習・ファシリテーション・『学び合い』・構成的グループエンカウンター・ピアサポート・ソーシャルスキルトレーニング・プロジェクトアドベンチャー……、現在提案されているほとんどすべてのＡＬ系学習形態において、対話する相手の流動性が担保されています。成熟したシステムになればなるほど、その傾向は顕著になります（「ジグソー」や「ワールド・カフェ」を思い浮かべてみてください）。こうした学習形態を継続することは、間違いなく子どもたちの人間関係をより豊かに醸成するはずです。要するに、子どもたちを〈つなげる〉はずであり、子どもたちに〈ふれあい〉をもたらすはずなのです。

言うまでもなく僕らは義務教育の教師として、或いは学級担任として、子どもたちに毎日毎日教育活動を施しています。そこで忘れてはならないのは、いま僕らの目の前にいる子どもたちが同じ地域に住む同い年の集団であるという疑いようのない事実です。同一地域、同一年齢の子どもたちを学級担任や学年教師団がALによって〈つなげる〉という意識をもって運営した場合と、それをもたずに効率重視の〈一斉授業〉を旨として運営した場合とでは、もしかしたら二十年後、三十年後のその地域の実態を変えるかもしれないのではないか。

小学校時代から学校教育によって〈つながり〉を高められた地域の同学齢集団は、地元の仲間に貧困に陥った者が出たときに援助しようとするでしょう。金銭的な援助や物理的な援助を言っているのではありません。そういう噂が耳に入った時点で幾人かで相談し、少なくともちょっと訪ねてみようかという話くらいにはなるのではないでしょうか。そしてその友人がほんとうに困っているぞということになれば、社会的なセイフティネットにアクセスする仕方くらいは間違いなく教えるのではないでしょうか。

しかし、一斉授業で効率性と個の自立を旨に育てられた子どもたちは、地元に住むかつての仲間が貧困にあえいでいることにさえ気付かないかもしれません。いいえ、むしろその可能性が高いのです。ALを旨に子どもたちを〈つなげる〉か否かは、実は社会的なセイフティネット、制度としてのセイフティネット以上の、人情によるセイフティネット、現実的なセイフティネットとして機能するかもしれないのです。

四　しなやかな学力としたたかな学力

大澤真幸が次のように述べています（『〈問い〉の読書術』朝日新書・二〇一四年九月）。

本を深く読むということは、どういうことか。読むことを通じて、あるいは読むことにおいて、世界への〈問い〉が開かれ、思考が触発される、ということである。本は情報を得るために読むわけではない。そういう目的で読む本もあるかもしれないが、少なくとも、読書の中心的な悦びはそこにはない。

よい本は、解答ではなく、〈問い〉を与えてくれる。〈問い〉は、不意の来訪者のようなもので、最初はこちらをびっくりさせる。だが、その来訪者と対話することは、つまり、〈問い〉が促すままに思考することは、やがて、この上ない愉悦につながる。自分の世界が広がるのを実感するからである。

ＡＬはごくごく簡単に言うなら、この一部の人の愉悦に過ぎなかった読書の機能を、授業によって、教育活動によって、日本国民すべての日常にしようとする壮大な試みです。

よい授業を受けると、世界への〈問い〉が開かれ、思考が触発される。授業は情報や知識を得るために参加するのではない。そういう授業もあるかもしれないが、授業の中心的な機能はそこにはない。よい授業は解答ではなく、〈問い〉を与えてくれる。自分の世界を広げてくれる。こういう授業観、学力観に転換することなのだろうと思います。

この世界への〈問い〉が開かれ、触発された思考によって自らの世界観を広げていく。そうした体験が敷衍（ふえん）され、体験するさまざまな事象を触媒にして、自ずから〈問い〉が開かれ、世界観が広がっていく。こうした学力を僕は「しなやかな学力」と呼んでいます。これまでのたった一つの解答を見つけ出すための「かたくなな学力」観から、「しなやかな学力」観へと転換しなければならない。これがこの国をリードするエリートたちにも、そうでない子どもたちにも、ともに必要な学力だと考えているのです。

ＡＬが育むもう一つの学力は、「したたかな学力」です。もう自分一人で自立して生きていける時代ではありません。何事もみんなで取り組む。得られた成果をみんなで分配する。費やす負担もみんなで分かち合う。そういう生き方が主流となっていきます。主流になるというよりも、そうしないと生きていけなくなるのです。一人でできると思うとすべてが失敗してしまいます。そんな世の中になっていきます。

常に他人の力を借り、常に自分の力を貸す。無償で受け取り、無償で与える。困ったときには〈ヘルプ〉を出せる。〈ヘルプ〉を出されたら、助けてあげるのはみんなの責任であり、つまりは自分の責任だなと思える。そういう人間関係をできるだけ多く築けた者だけが〈幸福感〉のある人生を送ることができる。そういう世の中になっていくと僕は確信しています。いいえ、もう既にその兆候は至るところに見え隠れしているとさえ感じています。

> **【しなやかな学力】** 生涯にわたって追究する〈問い〉を生み出す能力
> **【したたかな学力】** 自らの目的のために〈他人の力〉を借りることのできる能力

双方ともに、学校教育にとってはとてつもなく困難な課題です。しかし、いま僕らの目の前にいる子どもたちの将来を考えるとき、この国の教育はこの二つの学力観への転換に大きく舵を切る必要があります。そうしないと、目の前の子どもたちは数十年後に生命の危険にさえさらされるかもしれない。僕は本気でそう感じています。

デボラ・チェンバースがこんなことを言っています（『友情化する社会 断片化のなかの新たな〈つながり〉』辻大介・久保田裕之・東園子・藤田智博訳・岩波書店・二〇一五年十二月）。

かつては福祉国家制度によって社会的に供給されていた従来型のケアが縮減されつつある現在、こうした新しいインフォーマルな関係（「友情」という新しい社会的紐帯のこと・堀注）がどのように構成されているかは、きわめて重要な問題となっている。（中略）友情という紐帯は、「共同体」という概念と結びついていた社会統合の価値に取って代わる、ある種の緊密性の表れとみなされ始めている。

僕らの目の前にいる子どもたちの関係もまた、将来はインフォーマルな関係となります。かつての小中学校時代の「学級集団」や「学年集団」などという概念が、成人した彼ら彼女らにとって社会的にフォーマルな関係として承認されることはないでしょう。しかし、デボラ・チェンバースの論理に従えば、この国で力を失いつつあるフォーマルな組織の「共同性」に代わるインフォーマルな緊密関係としてなら力を発揮し得るのです。この国では明らかに、人間関係の重心がフォーマルな共同性（親族共同体や会社組織など）からインフォーマルな緊密関係（個人的な絆・つながり）へとシフトしているのですから。

インフォーマルな緊密関係は本来、自ら選択することを基盤としています。また、その関係性を維持することは自己責任ともされています。このチェンバース的な意味で言う「友情」は、「関係を選択することと維持することとの深刻な対立」を生み出してもいます。例えば、インフォーマルな緊密関係の結果として得られた結婚生活が、それが維持できないと判断された場合に簡単に離婚に至りやすくなっています。また、学校内での人間関係を維持するために同調圧力に苦しむことになる「スクールカースト」問題などもこの「選択と維持の深刻な対立」構造にもとづいた現象と言えるでしょう。そして今後、社会的な共同体に代わって「友情」（個人的な絆・つながり）が更に大きな存在感を示していくとすれば、この「選択と維持の対立」は子どもたちの将来にとって更に深刻なものになっていくはずなのです。

しかし、「友情」はだれもが自ら選択した人間関係だと感じていますが、実は「選択させられている」という側面もあります。例えばあなたには、医者の友人がいるでしょうか。政治家や弁護士といった友人がいるでしょうか。ヤクザの友人、ホームレスの友人はどうでしょう。あなたの友人の多くは、同じ職に就いている教師か、或いは教師と同じ程度の収入、社会的地位の人たちが圧倒的に多いのではないでしょうか。そうです。実は「友人関係」というものは、僕らが意識していないだけで階層化されているのです。上流階層は上流階層同士、貧困層は貧困層同士、自ら「選択した」と感じながらも実は「選択せざるを得なかった」友情をはぐくんでいるに過ぎないのです。このとき、中流階層以下の人たちは、お互いに助け合うこともできず、かと言って頼る者もなく、更に生活レベル、福祉レベルを悪化させているのです。

僕らは公立の義務教育の教師です。僕らの目の前には、将来医者や弁護士になる階層から、最貧困層に陥るかもしれない階層まで、潜在的には将来、すべての階層に「なるかもしれない」子どもたちがひしめいています。その子どもたちに厚く深い人間関係を醸成する。その子どもたちに協同で課題を解決し、問題を解決したという経験を与える。人生を賭けて考えるべき〈問い〉を協同で発見する。「しなやかな学力」と「したたかな学力」とを旨に教育活動を展開し続ける。そうした努力がなされなければならない。僕はいま、腹の底からそう信じています。

第二章

AL型の授業づくり

一　ＡＬ型授業の授業過程

１　小集団交流の基本的授業過程

おお！

へえ…。

おや？

教師は子どもたちのそんな声を欲しています。

発見、感嘆、納得、疑問……。これらは子どもたちが関心・意欲を抱いたこと、主体的に学習に取り組んでいることの一つの証左です。少なくともその表れとして評価することができます。だからこそ教師は子どもたちの感動詞を欲します。

活動型の授業、協同学習、ファシリテーション、具体的にはどう呼んでも構いませんが、いずれにしても小集団交流を主としたいわゆる「ＡＬ型授業」を構想するとき、これらの感動詞を子どもたちは口々に発することになります。それが教師に、子どもたちの学びの成立を直感させます。昨今のワークショップを旨とした「ＡＬ型授業」づくりの流行はその直感に支えられています。

かく言う僕は〈教室ファシリテーション〉を提案し、基本的な授業過程を次のように構成すれば良いと考えています。

①課題の提示
②第一次自己決定（個人の意見）
③第一次合意形成（小集団の合意形成）
④第一次合意形成の活性化
（主に小集団の組み替えによる）
⑤第二次自己決定（個人の意見）
⑥第二次合意形成
（元の小集団の二度目の合意形成）
⑦全体発表
⑧第一次振り返り（個人の振り返り）
⑨振り返り
（合意形成過程のメタ認知化）
⑩学習作文

2　全員の意見のリストアップ

多くの小集団交流の授業を見ていて「まずいなあ」と思うのは、交流前に個人に意見をもたせるという過程を経ないことです。この授業過程で言えば②⑤⑧に相当します。

企業研修としてのファシリテーションは、課題提示からいきなり交流場面に入ることが多く見られますが、それは日常的に仕事の在り方に問題意識をもっている人たちの交流だからです。

しかし、学校の授業の場合には、一般に子どもたちはその課題と初めて出会い、その課題について考えたことがありません。そうした子どもたちに企業研修と同じように「あれこれやりとりをしているうちに課題が見えてくるよ」という姿勢で教師が臨むのはナンセンスです。言うまでもないことですが、「話すこと」にしても「書くこと」にしても、表現活動において子どもたちが最初につまずくのは「表現することがない」ということに他なりません。僕はごくごく簡単に見える課題を与えて、「三点以上箇条書きしなさい」とよく指示します。

合意形成は須く、交流に参加するメンバーの考えていることのすべてをリストアップすることから始まります。リストアップさせずに交流をスタートさせてしまうと、「できる子」「活発な子」が意見を言った途端に、「できない子」「おとなしい子」はそれに賛同する態度をとることになります。消極的に、或いは投げやりに「それでいいや」と思うのではありません。自分が考えたことがない課題なのだから、そこにだれかの見解が提示されれば「なるほど」と思ってしまうのです。これを避けるためには、最初の段階で子どもたち全員に意見をもたせることを怠ってはなりません。全員が意見をもつまで小集団交流を始めてはいけないのです。

3 合意形成過程のメタ認知化

もう一つ気になる点は、多くの振り返りが感想の述べ合いになっていることです。小集団交流を通して「意外な発見があって楽しかった」とか「みんなで一つの意見にまとめるのが難しかった」など、感想の交流に終始しているのです。もちろん、「小集団交流の仕方」それ自体がその授業の指導目的である場合なら、こうした振り返りはあり得ます。しかし、多くの場合、小集団交流は手段であって目的ではありません。とすれば、指導目的である課題に対する小集団の思考過程それ自体を振り返るべきでしょう。

例えば、二枚のポスターを比較して、そのポスターの改善点・修正点を考えるという小集団交流があったとしましょう。この場合ならば、振り返りの観点は「話し合ってみて気付いた、良いポスターの条件とは何でしょうか。一人、三点以上箇条書きしてみましょう」

と言います。これを持ち寄って小集団で交流するわけです。その後、「グループで良いポスターの条件五箇条をつくってみましょう」と指示します。こうした話し合いを促せば、必然的に二枚のポスターの修正点をどのような観点で決めたのかという振り返りをすることになるのです。

かつて、岩下修が「ＡさせたいならＢと言え」と説きましたが、この原理は決して、一斉授業にのみ当て嵌まることではありません。また、特活の時だけに適用されるわけでもありません。ＡＬ型の授業、活動型の授業においても指示の大原則として機能しているのです。ただ、ＡＬ型授業では、自分たちの活動の在り方を必然的にメタ認知させるような指示を用いて振り返りに取り組ませる、という原則が付け加わるだけです。

4　多様性の顕在化

土井隆義が現在の学級の子どもたちが島宇宙化し、放っておくと一年間同じクラスでありながら、必要以外はひと言も会話をしないような小グループに分かれてしまっていると指摘しています（『友だち地獄〜「空気を読む」世代のサバイバル』ちくま新書・二〇〇八年三月）。互いに突出することを避けるとともに、空気を読み合いながら軋轢（あつれき）を起こさないようにと腐心しているというのです。このことは宮台真司を初めとして九〇年代から指摘されてきたものであり、私たち教師の実感から見ても現実をよく分析していると捉える方が多いと思います。

しかし、多くの子どもたちにとって、授業での意見の対立ならばその意識はさほど強くないのです。日常的な意見の対立と違って、授業は公的な意見の対立であるという受け止め方をしているのです。とすれば、子どもたちがそういう意識で臨んでいる授業でこそ、まずは子どもたちの意見の多様性を顕在化して、それらのすべてを肯定的に捉えさせ、合意形成を図らせることが必要なのではないでしょうか。僕はそう考えています。僕が授業において、常に個人の意見をもたせる（第一次・第二次自己決定）のも、小集団の合意形成過程を個々人にメタ認知させるのも、基本的に子どもたちの〈多様性〉を授業の中で顕在化させようとしているわけです。

もちろん、授業で行うと同時に、時期を見て学級活動や学校行事といった特別活動においても、同様の手法を採り入れていくことになります。

5 〈対話〉の作法

こうした試みを繰り返すことでのみ、子どもたちは自分たちのものの見方、感じ方、考え方が多様であることを認識し、その多様な見解について、合意形成を図ったり止揚したり棲み分けたりすることができるようになります。要するに「〈対話〉の作法」を学ぶことができるわけです。

冒頭に挙げた①〜⑩の小集団交流の基本的な授業過程は、この授業フォーマットさえ大きく崩さなければ、題材（＝ネタ）は何であってもだいたい機能します。先にポスターの修正点を交流する例を挙げましたが、これを少々難解な入試問題（国語なら論述問題、数学なら場合分けを伴う統計問題など）にして、複数の解き方をリストアップし、どの解き方が最も美しく簡潔であるかを交流させる、というようなこともできます。振り返りのメタ認知では、その美しく簡潔な解き方を全員が説明できるようにするという課題を与え、最終的には学習作文でその説明を全員に作文させれば良いのです。

また、学習作文自体を小集団の協同作文にする手もあります。小集団で一所懸命に考えて解き方を説明する。やっとできたと思って、自信満々で全体の場で発表する。すると、他のグループがまったく異なる手法を美しい解き方、簡潔な解き方であると判断し、まったく異なる説明文を書いていることに驚嘆する。これも〈多様性〉の顕在化です。

こうした授業過程において、子どもたちの中に必ず「おお！」「へえ…」「おや？」が起き、子どもたちは知らず知らずに、少しずつ少しずつ、しかし確実に「〈対話〉の作法」を学んでいくことになります。それも、子どもたちが関心・意欲を抱いていること、主体的に学習に取り組んでいることを、教師が直感できる形でです。

6 子どもの多様性を凌駕する多様性

僕が〈教室ファシリテーション〉に取り組むうえでの基本的な授業過程とその意味について述べてきました。読者の皆さんには、僕の意図がある程度伝わったものと思います。しかし、ここで一つ考えていただきたいことがあります。これらの機能を一斉授業で実現させるとしたら、どれほどの困難を伴うかということを。一斉授業は明確な指導事項を設け、学力を保証することを目指しているのであって、ファシリテーションとはその機能が異なる、棲み分ければ良いではないかという反論があるかもしれません。しかし、多くの学校の校内研究として、一斉授業の中で「おお！」「へえ…」「おや？」を巻き起こすべく、膨大な時間と労力が費やされているのです。決して「棲み分ければ良い」というような現状にはありません。現在その研究にいったいどれだけの時間と労力が費やされているでしょうか。

一斉授業で「おお！」「へえ…」「おや？」を引き起こすとしたら、そのコツは何でしょうか。僕はそんなコツははっきり言って「ない」と思います。ただ一つ、僕が確信をもって言えるのは、一斉授業で「おお！」「へえ…」「おや？」を引き起こすには、教師の側に圧倒的な知識と圧倒的な力量が必要なのだということです。はっきり言えば、校内研究や官製研究団体の少人数のアイディアの出し合い程度でできることではないのです。一斉授業の中で子どもたちの〈多様性〉を顕在化させ、その一つひとつを受けてひと言返すには、教師の側に子どもたちの多様性を凌駕する多様性がなくてはならないからです。

小西正雄がテレビが子どもたちに提供する情報量の多さ、情報の圧倒的な視覚化を指摘し、もはや教室で教師が某(なにがし)かの知識を入力する授業観ではメディアに太刀打ちできないとして、「出力型授業観」を提唱したのは一九九七年です(『消える授業 残る授業～学校神話の崩壊のなかで』明治図書・一九九七年一月)。それから二十年以上が経ち、時代はテレビをも凌駕するインターネット時代、スマートフォン時代です。テレビさえ簡単に持ち歩き可能な時代です。更に言えば、さまざまなSNSで子どもたち自身が日常的に膨大な情報のやりとりをする時代です。この時代に、教師が子どもたちの思考も活動もコントロールすることを旨とする一斉授業が、教材開発や学習活動や指導言の工夫ごときで機能すると考えるほうがどうかしているのではないでしょうか。

7　深い教材研究

僕は中学校の国語教師ですが、四半世紀以上にわたる教職経験の中で、最初の二十年間は古文・漢文はもちろん、物語・小説や説明文に至るまで教科書のほとんどを暗唱して授業に臨んできました。どこに何が書いてあるか、副詞から助動詞、助詞に至るまで頭に入っている状態で授業を積み重ねてきました。そんな状態でしたから、子どもたちの反応に瞬時に応えることができました。

ところが、札幌市は平成二十四年度から教科書が教育出版から光村図書に変わりました。この「教科書が変わった」ということによって、僕の一斉授業は途端に彷徨（さまよ）うことになりました。もちろん教材研究はそれなりにして授業に臨みましたから、主題や要旨や構成や指示語や接続語といった指導事項で戸惑うことはありませんでしたが、しかし、教材のディテールまでは頭に入っていないがために、子どもたちの反応にそれまでのように瞬時に返すことはまるでできなくなってしまいました。要するに僕の一斉授業は、深い教材研究に支えられていたわけです。もちろんそれから数年が経って、僕はいまではそれなりに新しい教科書に慣れていますが、この一件はそれだけではやはり授業を機能させてはいけないのだと僕に思わせるに充分な出来事でした。

〈教室ファシリテーション〉の提案はもちろん、僕がＡＬ型授業への移行を皆さんに強く主張するのも、いかなる一斉授業にも小集団交流を必ず入れよと主張するのも、その裏には僕のこのような認識があるのです。

二　ＡＬ型授業のファーストステップ

１　アクティブ・ラーニングの一歩を踏み出す

ＡＬが大流行しているのはよくわかる。その必要性もよくわかる。でも、取り入れたいとは思っているけれど、なかなか一歩が踏み出せない……。皆さんもそんな心持ちかもしれません。

「ＡＬ的な活動をするためには、必要最低限のレディネスが必要なのではないか。うちの学級の子どもたちにできるんだろうか……」

「うちの学級には特別な支援を要する子がいるけれど、あの子はちゃんと学習に参加できるだろうか……」

こんな不安もつきまといます。

実際に始めてからも、さまざまな葛藤に苛（さいな）まれます。

「ああ…。話し合いが活性化していない。やっぱりうちの子たちには無理なんじゃないか」

「ああ…。予想通りあの子が参加できていない。やっぱりあの子には無理なのかもしれない」

「子どもたちは楽しそうに取り組んでいるけれど、なんだか遊んでるみたいに見える」

そして、「そうだ。ちゃんとレディネスを身につけてからでも遅くない。まずは話し合いのスキルを身につけさせることが大切なんだ」と感じて、従来通りの一斉授業による細かな学力形成に戻ってしまう。そんな例もたくさん見られます。

しっかりとスキルを身につけてからじゃないと、ＡＬはできないんじゃないだろうか。学級に良い人間関係が形成されてからじゃないと、ＡＬは機能させられないんじゃないだろうか。そんな不安もよぎります。

でも、スキルや人間関係が形成されてからじゃないと導入できないと考えていたのでは、いつまで経っても取り組むことなんてできません。

僕は声を大にして言いますが、まずは「よし、やろう！」と覚悟を決めることなのです。習うより慣れろ。見る前に跳べ。自分を励まして、とにかくやると決めませんか。なにごとも準備万端整ってからと考えていては、いつまで経っても、第一歩を踏み出せないものです。

2 ペア・トークの一歩を踏み出す

ＡＬは何を措いても、〈ペア・トーク〉から始まります。

何も難しいことはありません。

日常の授業の中で、教師が発問します。発問すると同時に、何人かの子が挙手します。

あなたはその中から一人を指名します。その子が答えます。別の子を指名します。その子が答えます。こうして何人かの子が発言したところで、「そうですね」と言って教師がまとめます。どこにでもある、日常的な授業風景です。

でも、このとき、発言したのは五人。挙手していたのは十人。では、あとの二十人はどうしていたのでしょうか。なかには理解できない子、ボーッとしていた子、話を聞いていなかった子もいたのかもしれません。ALはまず、この現状を打開してくれます。

これをこんな風に変えてみるのです。

教師が発問します。すぐに挙手を求めないで、一人ひとりが自分の意見をノートやワークシートに書くように指示します。全員が意見を書いたところで、「隣の人と一分間交流してごらん。はい、始め!」と言うのです。子どもたちは自分の意見と隣の人の意見は同じなのか違うのか、嬉々として交流します。たった一分間ですが、そこで子どもたちは自分の意見の妥当性を真剣に、しかも、ちょっとしたおしゃべりのように楽しく交流することになります。

いつもと違うのは、

①自分の意見を書く
②自分の意見を隣の人の意見と比較する

という二つだけです。でも、たったこれだけのことで、発問に対して自分だけで考えて答えるのとは雲泥の差があります。自分自身で考え、その意見を自分自身で説明する、という体験を全員がすることになるのです。一斉授業で順番に五人が発言するような授業ではこうはいきません。

しかも、もしも隣の人と意見が異なっていた場合には、どちらが正しいのだろうかと検討することになります。お互いに考えを述べ合い、どっちが正しいのかと協力して検討することにもなります。この体験も大きな体験です。相手はたった一人です。自分も一人です。だれに頼ることもなく、必然的に当事者意識をもって学習に取り組むことになります。そういう時間を保障することになります。

この後、教師が正しい答えを説明するにしても、間違いなく子どもたちの理解度は大きく高まるはずです。だって、一度自力で考え、二人で検討までしているのですから。一度、そのテーマについて思考する体験をしているのですから。

次の発問をします。やっぱりノートやワークシートに意見を書かせます。二度目は、「今度は二分間あげるから、隣の人とこれが正しい！　という意見をつくってごらん」と言ってみてはどうでしょう。「こういうのを『合意形成』って言うんだよ」なんて言えば、クラスで「合意形成」という言葉が流行るかもしれません（笑）。「はい、二分経ったよ」と告げると、「先生、まだ！　もう少し時間ちょうだい！」などという子どもたちも出てくるはずです。

この二つ目の問いに対して、満足できるような答えを出せなかったペアは、三問目では、「よし！　今度こそ！」となるでしょう。二人で知恵を絞って、協力して取り組む雰囲気が形成されていきます。

次第に、「それじゃあ、二人の『合意形成』の成果を発表してもらおうか。どうしたら、わかりやすい説明になるか、二人で相談してごらん。時間は二分ね」と、表現内容のみならず、表現方法にも意識を向けていきます。

③隣の人と合意形成を図る
④隣の人と説明の仕方を考える

こんな単純なことが、子どもたちに当事者意識をもたせ、学習を活性化するのです。ALとは、ごくごく簡単に言えば「能動的学習」のことです（「能動的学修」と言う場合もある）。〈ペア・トーク〉を頻繁に導入するだけで、一斉授業を能動的な取り組みにすることができるわけです。

五つくらいの問いにペアで取り組んだ後、授業の最後に、「じゃあ、『良い合意形成のための コツ・三箇条』をつくってみましょう。時間は三分です」などとやれば、〈リフレクション〉（＝振り返り）もできます。必然的に、「自己評価」「相互評価」が生まれます。

また、次の時間には、隣の人とペアになるのではなく、前後の人でペアを組むという仕組みにすれば、マンネリ感も生まれません。次は斜め前の人と、更にその次は誕生日の近い人と、などとペアを変えていけば、学級全体にだれとでも交流する、だれとでも交流できるという雰囲気が生まれていきます。
⑤リフレクションを行う
⑥ペアを入れ替えて繰り返す
①〜⑥までが、導入期の〈ペア・トーク〉の基本的な流れになります。

3　ラウンド・ロビンの一歩を踏み出す

〈ペア・トーク〉には限界があります。二人しかいないために、意見が割れずに学びが成立しにくくなるということもありますし、あまりにも学力差のあるペアで検討したために、学力の高い子が一方的にリードしてしまって、ＡＬとしての機能度が低くなるなんていうこともあります。

そこで活躍するのが〈ラウンド・ロビン〉という交流形態です。〈ペア・トーク〉に慣れてきたら、すぐにでも採り入れたい手法です。一時間の授業づくりにおいて、前提的な発問に対しては〈ペア・トーク〉で、一時間の山場となるような中心的な発問は〈ラウンド・ロビン〉で、と使い分けても良いかもしれません。

〈ラウンド・ロビン〉の基本単位は四人です。机を移動して、A・B・C・Dの四人が向かい合います。途中で教師が黒板を使って説明することもあり得ますから、だれ一人、黒板に背中を向けて座らない隊形で座るのが原則です。要するに、全員が横向きで座るわけですね。

教師の課題に対して、まずは〈ペア・トーク〉のときと同じように、ノートやワークシートに自分の意見を書きます。それを全員が書き上げたところで、机を向かい合わせます。

そこで、交流の仕方を説明します。

「最初に、このAさんがかくかくしかじかと意見を言います。この間、だれも質問や反論はしません。その後、時計まわりにBさん、Cさん、Dさんと意見を言っていきます。四人が言い終わると、だいたいみんな『ああでもない、こうでもない』と話し合いたくなりますから、その意欲を発散して議論を始めてください。そして、四人でなんとか『こういうことなんじゃないか』という合意形成を図ってください。あとでグループごとに発表してもらいますから、だれが発表するかも決めます。これを八分で行います」

このように、最初から最後までの動きを順を追って説明して見通しをもたせることが大切です。その後、「いいですか？　まず全員が意見を言う、その後議論する、合意形成を図る、発表者を決める、という四段階です。時間は八分です」と念を押すことも忘れてはいけません。

〈ラウンド・ロビン〉の基本単位を四人と言いましたが、実はこれは交流することによってそれぞれの意見を深めたり、それぞれの意見を総合して合意形成を図る場合などの基本単位です。もしも、〈ブレインストーミング〉的に、たくさんのアイディアを出したいというような場合ならば、六〜八人を基本単位とします。順番にアイディアを挙げていくのに、たった四人ではすぐに自分の順番が来てしまいます。二、三周目までは子どもたちも対応できますが、四周目、五周目と進んでいくうちにだんだんと苦しくなっていきます。早押しのクイズではありませんから、〈ブレインストーミング〉にはやはり、課題の難易度に応じた適正人数というものがあるのです。要するに、「思考を深める」話し合いのときには四人を基本単位とし、「思考を広げる」話し合いのときには六〜八人を基本単位とする、と考えると良いでしょう。

ＡＬと言うと、〈ジグソー学習〉や〈ワールド・カフェ〉、〈プロジェクト学習〉といった大規模なものを想定しがちです。もちろん、それらもＡＬです。でも、そうした大規模な学習形態は、日常授業における〈ペア・トーク〉と〈ラウンド・ロビン〉の積み重ねによって成立していくのです。

では次節から、僕自身の授業を五つほど紹介することにしましょう。

三　AL型授業の基礎基本

入学後初めての説明的文章の授業です。二〇一六年度に一年生を受け持ったときには、「ダイコンは大きな根?」(光村図書)という説明文教材の第一時として行われました。

1　上位と下位

「先生がこれから四つの言葉を黒板に書きます。皆さんもノートにその通りに視写してください」

犬
猿
動物

縞馬

一つひとつを一斉に読ませる。生徒たちは「縞馬」が読めなくて首を傾げる。「なんだと思う?」と訊くと、当てずっぽうで答えているうちに正解が出てきます。

「この四つの言葉の中に仲間はずれが一つだけあります。その言葉の上に○をつけてください。時間は三秒！　三・二・一……」

多くの生徒たちが「動物」に○をつけます。数名が「縞馬」に○をつけますが、理由を言わせるともごもご……。「動物ですね」とまとめて、次に進みます。

「では、なぜ、『動物』は仲間はずれなのでしょうか。理由を『～から』の形で一文で書きます。『動物は～だけど、犬・猿・縞馬は～から』あるいは『犬・猿・縞馬は～だけど、動物は～から』の形になります。時間は二分です」

二分待つ。「もう少し時間が欲しいという人はいますか」と確認する。一人も置いていかないための重要な確認です。全員が書いたのを確認したうえで、列指名で発表させていきます。「書いた通りに読んでね」と確認して、一切の補足説明をさせません。こうした本時課題の前提となる場面においては、時間をできるだけ短縮しないと授業全体が濁ってしまいます。授業を進めるうえで重要な原理です。

「言い方はいろいろでしたが、みんな同じようなニュアンスのことを言っていましたね。先生の言葉で言うと『犬・猿・縞馬は動物に含まれるけど、動物は犬・猿・縞馬を含むから』ということになりますが、いかがでしょうか」

こう言って全体の場で確認します。生徒たちも頷きます。こうした理由はしっかりと板書します。生徒たちにもノートの自分の書いた理由の横に赤で写させます。多くの国語の授業がこうした確認を蔑ろにしますが、本時課題の前提となる学習事項は生徒たち全員にノートさせ、曖昧さを残さないことが重要です。

「このような『含む・含まれるの関係』を中学校では次のような図で表します。ノートをとる時間は後であげるので、まずは鉛筆を置いて見ていてください」

「中学校では、このような図が出てきたら、動物が犬・猿・縞馬を含む、犬・猿・縞馬は動物に含まれるという関係を表すということをこれからの約束事とします。では、先ほど

書いた四つの言葉の下にこの図を写してください。時間は一分です」

生徒たち全員が図を写したところで、次のように説明する。

「このような『含む・含まれるの関係』を表した図を『樹形図』と言います。樹木を逆さにした図だと考えればイメージしやすいと思います」

こうした指導事項もしっかりと板書して生徒たちのノートに残してあげます。

◎樹形図〜含む・含まれるの関係を表す樹木を逆さまにしたイメージの図

多くの国語の授業は学習活動の記録だけがノートされて、こうした指導事項（僕は「言語技術」と呼んでいます）が板書されず、その結果、生徒たちのノートにも記録として残らないことが多いようです。九〇年代以降の「言語技術教育」の潮流の中で、この傾向がかなり払拭されてきているものの、実態はまだまだです。

「『動物』のように下の言葉を含むような広い言葉を『上位語』と言います。また、『犬・猿・縞馬』のように上の言葉に含まれるような狭い言葉を『下位語』と言います」

◎言葉と言葉の関係

(1)上位語～下位語を含む広い言葉
(2)下位語～上位語に含まれる狭い言葉

こうした指導事項（＝言語技術）もしっかりと板書し、ノートさせることが大切です。

2 上位・下位の相対性

「今度は九つの言葉を書きますから、皆さんもノートに視写してくださいね」

犬　キャベツ　動物　猿　バラ　カーネーション　縞馬　植物　生物

（板書では横並び）

生徒たち全員が視写したのを確認します。

「この九つの言葉を一つの樹形図にしてください」

学級の実態にもよりますが、僕の経験では、生徒たちの三～六割くらいがこれらを一つの樹形図にまとめることができません。教師から見れば、小学校三年生程度の学習事項にも思われますが、現在の中学生の実態はこのような状況にあります。

そこで、教室を四人グループを基本単位としたアイランド型につくり替えます。三人グループが出ないように指示します。三人では人数が少ないのです。学級の人数が四の倍数になっていない場合には、幾つかのグループを五人にします。

「では、四人で正しい樹形図がどんなものか、話し合ってもらいます。時間は五分です。四人で協力して、『これが正解だ！』という決定版をつくってください」

生徒たちは五分程度で正しい答えを導き出したつもりになります。しかし、樹形図をつくるうえで、見落としがちな観点がたくさんあるのです。この授業の目的はそれを指導する機会とすることです。

ちなみに正解は次です。

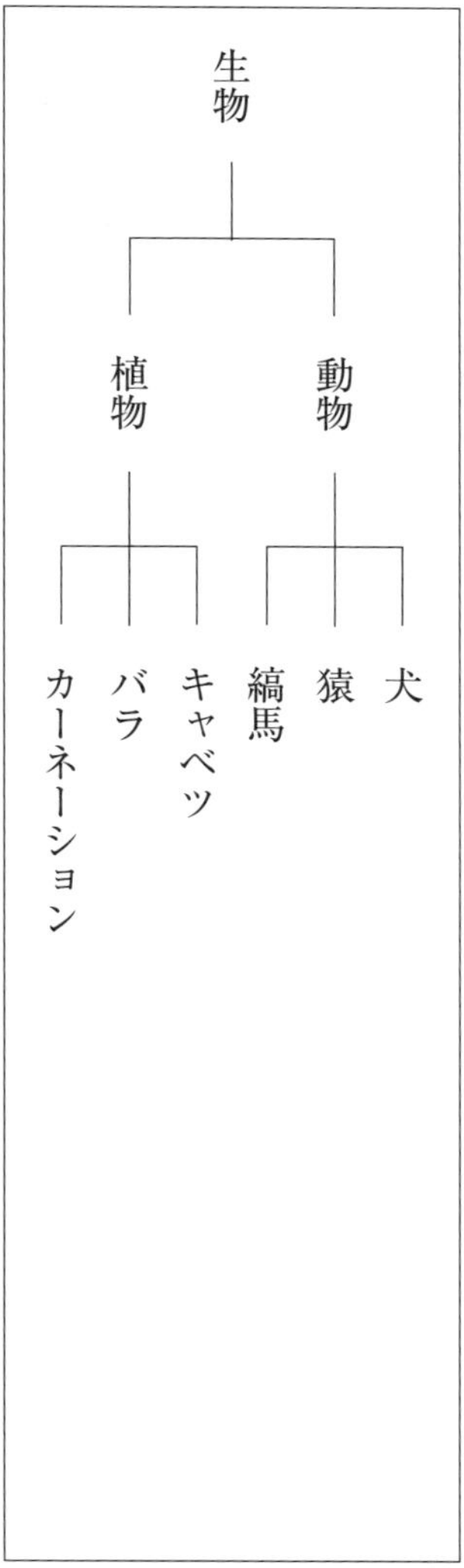

正解の観点は以下の二つ。

①「動物」と「植物」、「犬・猿・縞馬」と「キャベツ・バラ・カーネーション」とは、それぞれこの樹形図では同じレベル（次元）の言葉として設定されている。従って、樹形図において、これらの言葉は同じ高さで図示されなければならない。

②国語科の場合、樹形図は縦書きとして表記される。従って、提示された順番通りに右から「動物」→「植物」、「犬」→「猿」→「縞馬」、「キャベツ」→「バラ」→「カーネーション」の順で図示されなければならない。

この二つの観点で検討しますと、各小グループで「決定版」としてつくられた樹形図が細かいところに難点があって不正解とされるものが多数出てきます。こうした細かなところに配慮することの必要性を教師は日常的に強調する必要があるのです。

「『生物』と『動物』の関係を見た場合、『生物』が上位語、『動物』は下位語です。しかし、『動物』と『犬』『猿』『縞馬』の関係を見た場合、『動物』は上位語、『犬』『猿』『縞馬』は下位語です。『動物』という語だから上位語とか下位語と決まるのではありません。上位・下位の関係はあくまで比べる言葉との関係で決まるのです。この図では一番下の下位語である『犬』だって、『コリー』や『ダックス』『コーギー』といった言葉を追加すれば上位語になります。『ダックス』だって『ブラック&タン』や『ゴールド』『レッド』といったダックスの種類と比べれば上位語になるのです」

ここで、先に板書した「◎言葉と言葉の関係」に追加して次のように板書します。

※上位・下位の関係は相対的である。
【相対的】比べるものによって位置づけが変化すること
【絶対的】比べるものによって位置づけが変化しないこと

「上位語」「下位語」の概念を教えるだけでなく、その相対性を扱うこと、また、語彙指導にまで発展させ（この場合は「相対」「絶対」の対比）、一つひとつの語義をしっかりと確認することも必要です。

国語科の学習の基本は言葉のレベル、情報のレベルをしっかりと認識することです。それがなければ、その後の言葉の学習も豊かにはなりませんし、ＡＬ型授業を進めていくうえでも情報のレベルが混乱してしまいます。

この授業の指導時期は入学直後の四月下旬です。生徒たちはまだグループ交流に慣れていません。しかし、慣れていないからこそ、こうした基礎基本的な学習内容であっても、必ず小集団交流を入れることが大切なのです。それが多少強引だったとしても、です。こうした授業でも小集団交流を必ず入れるというのは、僕のＡＬ授業推進の覚悟の表れだと感じていただければ幸いです。

四　ワールド・カフェラテ

次に中学二年生を対象とした、かなりダイナミックに生徒たちを動かす授業を紹介しましょう。

1　この味がいいね…

まずは読者諸氏に問います。

あなたは歌人である。それも日本を代表する歌人である。佐佐木幸綱・俵万智級の歌人だ。そんなあなたがある文芸雑誌の短歌創作大賞の選考委員をすることになった。「女子高生がつくる恋愛短歌大賞」という企画である。

以下の七首が最終選考に残った。大賞が一作品、次点が一作品、入選が三作品、二作品は落選である。さあ、あなたはどれを大賞に選び、どれを次点とし、落選の二作品にどの二首を選ぶだろうか。

Ａ　「この味がいいね」と君が言ったから七月六日はサラダ記念日
Ｂ　気がつけば君の好める花模様ばかり手にしている試着室
Ｃ　君と食む三百円のあなごずしそのおいしさを恋とこそ知れ
Ｄ　会うまでの時間たっぷり浴びたくて各駅停車で新宿に行く
Ｅ　文庫本読んで私を待っている背中見つけて少しくやしい
Ｆ　金曜の六時に君と会うために始まっている月曜の朝
Ｇ　オムライスをまこと器用に食べおれば〈ケチャップ味が好き〉とメモする
出典はすべて『サラダ記念日』俵万智・河出書房新社・一九八七年五月

まずは少し先を読むのをやめて考えてみてください。この教材、この設定を用いて、短歌の学習の導入にあてました。中学校二年生の一学期。指導時数は二時間です。

2　なんでそんないい子ばっかり好きなの？

もちろん、こんな設定、こんな発問に正解などあり得ません。しかし、もう生徒たちはノリノリです。特に女子生徒たちのノリ様ときたら尋常ではありません。

教材はＡ４判縦に七首を並べて配置します。まずは大賞作品、次点作品、落選作品をそれぞれが選びます。最初の選択はどう考えても直感です。女子生徒たちは自分のフィーリングで「これ、わかる！」というものを選ぶ、すべてはそこから始まります。読み書きの苦手も得意もありません。女子生徒は直感的に、しかし、男子生徒たちは「これから意見交換するに違いない」という予測から慎重に読み込む。教室にそんな雰囲気ができあがります。それでも、五分も経てば、それぞれの個人選考が終わります。

「これから、この教材を用いて、ワールドカフェっぽいことをします。ワールドカフェではなく、ワールドカフェっぽいというところがミソです。一つひとつ指示していきますから、先生の言うことをよく聴いてくださいね」

まずは四人グループをつくる。座席の近い者同士、男女混合のグループです。原則として男子二人、女子二人。

そして、各グループにマジックペンを配付して、次のように指示します。

「プリントの裏に、自分が大賞だと思った短歌の記号を大きく、自分が落選だと思った短歌の記号を二つ、小さく書いてください。こんなふうに書きます」

こう言って、図のように板書します（次頁図参照）。

「いま書いたプリントの裏側はあとで使いますから、しばらくは忘れてください。では、

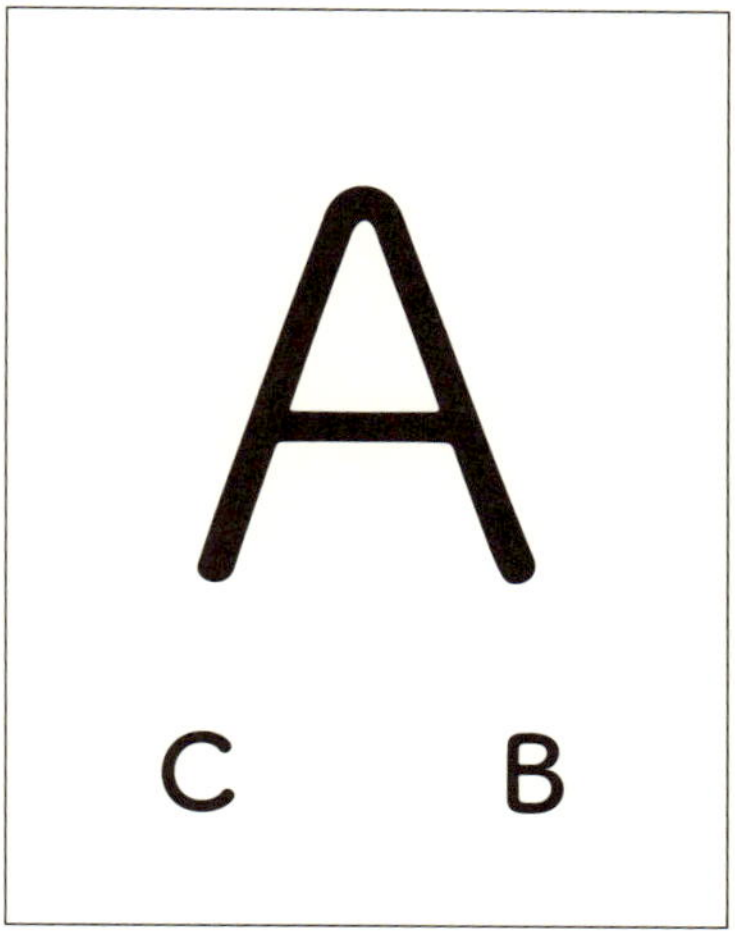

ラウンド1を始めますよ。いまそこにいる四人は最終選考委員です。最終的には四人で大賞・次点・落選を決めることになります。責任重大ですよ（笑）。最終決定はラウンド3で行いますから、ラウンド1では最終決定する必要はありません。取り敢えず、四人のそれぞれの思いを徹底的に交流してください。時間は八分です。なにか質問はありますか？
では、スタート！」

こうして交流が始まります。課題について交流し合う通常のワールドカフェとは異なり、このテーマの交流は最初からはじけます。女子生徒に「なんでそんないい子ばっかり好きなの？」と詰め寄られ、男子生徒が「だって…」と二の句が継げない。「高校生が金曜の六時にデートしちゃダメだろ」という真面目な男子生徒を「あんたは真面目すぎるのよ！」と女子生徒が叱責する。それでも、ラウンド1が終わる頃にはお互いの対立点だけは明確になります。

3　そうそう！　そうなのよね！

　ここでラウンド2です。

「ラウンド2は通常のワールドカフェなら席替えをしてグループをシャッフルするんですが、今回は個々人で立ち歩いてあくまでも個人で交流します。みんな頭の上にプリントの裏側を掲げます。すると、『ああ、あの人は自分と同じものを選んでいる』とか、『ああ、あの人は自分が大賞にしたのを落選にしてる』とか、そういうことがわかります。そういう人たちを自由に選んで、二人か三人で交流します。この交流は三分ずつ、二セット行います。自分のグループの選考会で自分の旗色が悪いという人は、自分と同じものを選んでいる人二人と交流して、自分が選んだ短歌を推すための論拠を補強する、自分の選んだ短歌のなにが悪いのかとそれを落選にしている人と交流して視野を広げるなんていう交流の仕方もあり得ます。交流は二セットありますから、最初は同じ短歌を選んでいる人と交流、二回目は反対の人と交流ということもできます。その選択はそれぞれの自由です。交流する人を選び始めて、だいたいグループができたなあ…と判断したら、『ここから三分です』と先生が言います。なにか質問はありますか？　では、スタート！」

　三十数人が一斉に立ち歩く。だいたいペアができあがるのに三十秒から四十秒くらい。そこで、「ここから三分です」と指示する。

教室は騒然となります。しかし、だれ一人課題から逸脱した話をする者はいません。みんな短歌七首の評価に熱中します。

「そうそう！　そうなのよね！」

「わかるんだけどさあ、こういう考え方もできない？」

こんな声があちこちから聞こえてきます。三分が経ったところで、「は〜い！　三分で〜す。『ありがとうございました』で、次のグループをつくってくださ〜い！」という指示だけで、一斉にグループ替えが始まります。グループができたのを見計らって再び三分です。

四人ではなかなか自分の意見を言えなかったという生徒も、このラウンド2ではじけます。この活動にはラウンド3で自分が主張する事柄を情報収集する意味合いがあります。

これは少々高度なファシリテーションシステムであるＯＳＴ（オープン・スペース・テクノロジー）のグループ分けの際に用いられる手法です。「ワールド・カフェラテ」とは僕の命名ですが、「ワールドカフェ」と「ＯＳＴ」を半分ずつ採り入れるという意味で「ラテ」と名付けたわけです（笑）。

4　ありきたりじゃなくて深いんだよね…

「いよいよ、ラウンド3です。ここは十二分。もちろん、最終選考会ですから、結論を出してもらわなくてはなりません。いつものワールド・カフェ同様、多数決は禁止です。意地とプライドをかけた活発な議論、そしてみんなが納得する結論を導き出してくれることを期待します。次の時間に、大賞と次点についてはは選評をグループで書いてもらうことになりますから、なぜその短歌が大賞なのか、なぜその短歌が次点なのか、どんなところが他の短歌よりも良かったのか、そういうことをことばにできるようにしてくださいね。では、スタート！」

いよいよ結論を出さなくてはならないという思いが、生徒たちの表情を真剣にさせます。もう交流は「はじける」という様相ではありません。どの短歌がどう優れているのか、どの短歌がどう甘さを感じさせるのか、そんな評価観点が生徒たちなりに話し合われるようになります。

「なんか会うまでの時間をたっぷり浴びたいってのが、ありきたりじゃなくて深いんだよね」

「文庫本読んで無駄な時間をなくすってのは、男としてはあたりまえだと思うよ」

こんな声が聞こえてきます。

この後、次の時間に大賞・次点の選評をそれぞれのグループが書き、それをグループを超えて交流することになります。自分たちが大賞に選んだ短歌が他のグループでは落選していたり、同じ短歌を大賞に選んだグループを見つけて喜んだり、そんな一喜一憂を繰り返しながら全体交流が進みます。

実は、教科書には「短歌十二首」と題して、窪田空穂・若山牧水・石川啄木をはじめとした名歌が並んでいました。読み書きが苦手な生徒にとって、最初からこれらを扱ったのでは読もうという意欲をもつことは難しいでしょう。しかし、最初に練習単元として「この気持ちわかる！」「わたしにもできる！」という教材を扱うことによって、また、学級全体で自由度の高い、それでいて本質的な議論が展開される言語活動を配置することによって、結果的にその後の「短歌十二首」を読むための武器（短歌読み取りの観点）が得られるのです。

交流しているうちに、短歌の解釈を論じているはずなのにいつのまにかそれぞれの「人間」が出る。そんな教材が交流活動には適しています。読み書きが苦手な子だって、確かな人間性をもっているのですから。

五　深い学び――言葉と経験の相関

もう一つ、「深い学び」を大きく意識した授業を紹介しましょう。

1　経験は言葉より広い

かつて教科書教材の冒頭に「朝焼けの中で」という森崎和江のエッセイが掲載されていました（光村図書・中三・平成二十七年度版）。短い文章ですが、その展開は見事で、詩人らしい感性で〈言葉〉と〈経験〉の相関を鋭く描いていました。

幼少期に朝焼けを見た。あまりに美しい空の微妙な光線の変化を書き留めておきたくてそれにふさわしい言葉を探したが見つからない。その言葉にできないことに絶望感を覚えながら、筆者は言葉になっている領域のなんと狭いことかと感嘆する。長く文筆を生業としてきたが、自分の言語観にはあの幼少期の体験がいまでも間違いなく活きている。

拙い要約で恐縮ですが、こんな内容です。

僕はこの文章を用いて、生徒たちに〈言葉〉と〈経験〉の相関について読み取らせることを常としていました。

まずはノート半分に折り目をつけ、上段に「〈経験〉（＝自然）の広さ」、下段に「〈言葉〉の狭さ」と項目立てしてします。そして、第一文から〈経験の広さ〉を読み取れる叙述、〈言葉の狭さ〉を読み取れる叙述をキーワードで書き抜いていきます。

例えば、〈経験の広さ〉については、

①空があまりに美しい（P16・L3）

②微妙な光線の変化（Ｐ16・Ｌ４）
③雲の端の朝焼けの色（Ｐ16・Ｌ４）
④雲を遊ばせている黄金の空（Ｐ16・Ｌ５）

といった具合です。

これを四人グループをつくって、〈ラウンド・ロビン〉で一文ずつ検討させていきます。

①一人が一文を読む。
②読んだ生徒がその一文から〈経験の広さ〉〈言葉の狭さ〉を読み取れると思う箇所を指摘する。
③四人でその意見の是非を検討する。
④結果、四人で意見がまとまれば、ノートに記述する。
⑤次の生徒が第二文を読み、同様の検討がなされる。

こうした検討を一文一文重ねていくわけです。

時間指定は二十五分。見開き二頁の短い文章ですから、中三ならこの程度の時間で充分に完成します。どのグループもノートの一頁がほぼ埋まります。

この後、「図解化」と題して〈ベン図〉を教え、森崎和江の主張から読み取った〈言葉〉と〈経験〉の相関をベン図にさせます。これも四人グループであでもない、こうでもないと話し合いながらつくっていくことになります。どのグループでも、〈経験〉が〈言葉〉を包み込む形のベン図ができあがります。

最後に二〇〇字詰原稿用紙を配付し、この「〈経験〉が〈言葉〉よりも広い」という筆者の主張を自分なりの言葉でまとめます。本文からの引用は一切禁止。あくまでも自分の言葉で整理するのです。これはグループを用いず、個人で取り組むこととします。

ただし、第一文だけは指定します。

> 随筆「朝焼けの中で」において、筆者森崎和江は「経験は言葉より広い」と主張している。

これが全員が書くことになる二〇〇字作文の第一文です。生徒たちはこの主張の根拠を自分なりの言葉で残りの一六〇字程度を埋めることになります。指定した第一文が常体なので、必然的に文体は常体に規定されます。段落は一段落と規定し、新たな段落をつくってはならない、というルールです。字数指定は一八一字以上二〇〇字以内とし、十行の二〇〇字詰原稿用紙の最後の行まで書くことを強います。

言葉にできない感動を覚えた自らの体験を綴ったり、言葉と経験の相関を論理的に解説したりと手法はさまざまですが、森崎和江の短いエッセイを触媒としての生徒たちの言語観・言語論が展開されます。

2 言葉は経験より広い

かつて教科書の発展教材に「わたしの好きな春の言葉」という俵万智のエッセイが掲載されていました（教育出版・中一・平成19年版）。これまた短いエッセイですが、俵万智らしく〈言葉〉と〈経験〉の相関を描いています。

青空が大好きな筆者は、桜が咲くころの曇りがちの天気をいつも恨めしく思っていた。しかし、あるとき、そういう空を「花曇り」と呼ぶのだと知る。「なんて優しい響きの言葉だろう」と感動した筆者は、桜の時期の曇天もなかなか風情がある、と感じ始める。菜の花が咲くころのしとしとと降る雨を指す言葉「菜種梅雨」も、筆者に同じような効果を及ぼしたという。日本語には天候にかかわる言葉が多いが、そうした豊かな日本語によって、わたしたちが自然のさまざまな表情を教えられることも多いのではないか。

これまた拙い要約で恐縮ですが、こんな内容のエッセイです。

この文章を用いて、生徒たちに〈言葉〉と〈経験〉の相関について読み取らせます。ノートに折り目をつけ、上段に「〈経験〉の狭さ」、下段に「〈言葉〉の豊かさ」と項目立てます。ラウンド・ロビンを用いて、それぞれについて読み取れる叙述をキーワードで書き抜いていきます。終わったグループからベン図をつくることも指示します。要するに「朝焼けの中で」と同じ構成ですね。

時間指定は二度目の活動なので、ベン図まで含めて二十五分です。多くのグループは二十分程度で仕上げていました。

随筆「わたしの好きな春の言葉」において、筆者俵万智は「言葉は経験より広い」と主張している。

二〇〇字作文の書き出しはこう指定します。

筆者の文章を引用することを禁じているので、学習便覧に掲載されている歳時記を参考にすることを指示しました。もちろん、自分の経験を用いて綴れる者はそれで良いとも付け加えます。新たな言葉を知ったことによって、自分の世界が広がったというエピソードが幾つも提示されることになりました。なかには、僕の想像を超えるような日常的に生徒たちが用いる「若者言葉」を用いて論述する生徒も多数出ました。

3　言葉と経験はどちらが広いのか

いよいよ授業のまとめの段階です。二つのエッセイが正反対の主張をしていることを受けて、〈言葉〉と〈経験〉の相関について「言葉が広い」「経験が広い」の双方の側面があることを確認して、四〇〇字作文を書かせることにしました。

書き出しは、

〈言葉〉と〈経験〉において、「言葉が広い」という側面もあるし、「経験が広い」という側面もある。理由は以下の二点である。

とし、また、〈ナンバリング〉と〈ラベリング〉を必ず用いることを強いることにもしました。四月の導入教材であること、また、この授業は僕が転勤してすぐに三年生を担当した年のものであるという経緯があり、作文の形式を整えることを指導事項としなければならないという事情もありました。僕の授業形態に慣れていない生徒たちに学習規律と作文の基本的なフォーマットを与える必要があったわけです。字数指定は三八一字以上四〇〇字以内です。

生徒たちはこれまで二時間にわたってグループで交流してきたこと、二つの短作文に自分が書いたことを参考にしながら、「言葉が広い」「経験が広い」の具体例を一つか二つずつ提示することで、形式的にも整った論理的な文章を綴りました。

4　四月の授業における配慮

四月の実践です。転勤したての出会いの授業でもあります。昨年度までの教科担任が転勤し、受験を控えて新たな教科担任の授業に期待と不安を抱いている時期の指導でもありました。授業の楽しさと、それでいてどこか「深み」を感じさせる授業を展開しなければならない。学習規律をつくることも必要である。そんな多くの観点に配慮しなければならない授業づくりだったと記憶しています。

大きく配慮したのは次の三点です。

①小集団を有効活用する

作文は原則として一人で書くものです。しかし、作文を書くうえで発想したり着想したりという段階では、級友との交流の機会を活用して、しっかり「書く内容」を与えたい。作文指導の二大困難、生徒たちが作文を書けない二大要因は「書くことがない」と「書き方がわからない」です。「書き方がわからない」は教師が教えれば良いでしょう。今回であれば〈ナンバリング〉と〈ラベリング〉です。しかし、「書く内容」を生徒たちに教師が与えるわけにはいきません。そのためには小集団を使って、必要な時間をたっぷりとって交流させることが必要となるのです。

②スモールステップを有効活用する

学習形態を生徒たちに定着させていくには、最初はステップを踏んでじっくり時間をかけて指導することが必要です。また、一度取り組んだ活動は必ずもう一度取り組んで、定着させることも必要です。今回は〈ラウンド・ロビン〉を「使える交流アイテム」とするねらいがありました。もちろん、その後も何度も何度も使っていくアイテムになります。

③書くことがある状態に導く

二度の短作文の執筆によって、最終的なまとめの作文に書くべき内容を生徒たちが既にもっているという状態をつくっています。この配慮があるからこそ、生徒たちは書き方を教わっただけで、四〇〇字を難なく書き上げることができるわけです。一つの単元で最終的な課題に取り組ませるには、それまでの指導にこうした配慮が必要です。意欲を高めつつも、「言葉と経験の相関」などという大人にさえ難解と感じる人の多いような「深い学び」

を成立させるには、やはりこうした配慮が不可欠なのであり、そうした配慮を繰り返すことが必要なのだと思います。

六 〈語り〉を読む

1 牛飼いの〈語り〉を読む

まずは、宮沢賢治作『オツベルと象』（教育出版・中一）の冒頭をお読みいただきましょう。

……ある牛飼いが物語る。

第一日曜

オツベルときたらたいしたもんだ。稲こき機械の六台もすえつけて、のんのんのんのんのんのんと、おおそろしない音をたててやっている。
十六人の百姓どもが、顔をまるっきり真っ赤にして足で踏んで機械を回し、小山のように積まれた稲をかたっぱしからこいていく。わらはどんどん後ろの方へ投げられて、また新しい山になる。そこらは、もみやわらから立った細かなちりで、変にぼうっと黄色になり、まるで砂漠のけむりのようだ。
（以下略）

『オツベルと象』は、第一文に「……ある牛飼いが物語る」とその後の語り手を規定し、「第一日曜」「第二日曜」「第五日曜」と「オツベル」と「白象」の物語を牛飼いが語るという構成をとっています。教育出版をはじめとして、中学校教科書には昭和二八年以来、六十年以上の長きにわたって掲載され続けている老舗教材です。いわば「定番教材」の一つであり、多くの実践報告が集積されてもいます。しかし、その多くは「主題指導」（オッベル・白象の人物像の読み取り）と「表現指導」（オノマトペや比喩の読み取り）に特化されたものが多く、語り手「牛飼い」を取り上げた実践はきわめて少ないのが現実です。

そこで僕がここ数年、力を入れて取り組んでいるのが、物語・小説における「語り手」の認識（自己表出）をクローズアップして、いわば「語り手の人物像」を読み取らせようという試みです。『オツベルと象』はその導入教材としての意味合いをもちます。

以下に、実際の授業場面を紹介していきましょう。

2 「事実」と「意見」

「冒頭の『オツベルときたらたいしたもんだ』が、オツベルや象や百姓が行動したり感じたりしている描写ではなく、牛飼いの意見であるということがわかりますか？」

と尋ねますと、生徒たちは盛んにうなずきます。

「説明文の授業なら、筆者の言う「事実」と「意見」とを分けて捉えるということは当然のことです。しかし、実は文学作品にも「事実」と「意見」との読み分けが必要なのです。しかも、これらの他にも、この文章には「牛飼いの意見」がたくさんたくさん隠れているのです」

こう告げると生徒たちの多くはぽかんとした表情をします。

ここで、次の文章を板書します。

> ① 渡部くんが山下くんをひどくなぐった。
> ② まったく渡部くんはひどいやつだ。

「文①と文②はどちらが『事実の文』でどちらが『意見の文』ですか」と問うと、生徒たちからはすぐに「①が事実で②が意見」との反応が返ってきます。「そうですね」と引き取って、板書されている文章に「事実」「意見」という文言を加えます。

「確かに文①は『事実の文』、文②は『意見の文』ということが言えそうです。しかし、これは、実は文①は『どちらかといえば事実の文』、文②は『どちらかといえば意見の文』であることを意味しているに過ぎないのです。もう少し検討してみましょう。」

「文①と文②をそれぞれ文節に分けてみます」と言って、板書の文①②を次のように分けていきます（実際には文節の切れ目に「ー」を入れただけなのだが、ここではわかりやすくするために板書を分かち書きで示す）。

① （事実） 渡部くんが 山下くんを ひどく なぐった。
② （意見） まったく 渡部くんは ひどい やつだ。

「文①はさっき確認したように『事実の文』です。文①をもう少し詳しく検討してみますよ。この『渡部くんが山下くんをひどくなぐった』という文の発話者が堀先生だとします。つまり、堀先生が『渡部くんが山下くんをひどくなぐった』と言ったわけです」

こう言って、次のように文①②の前に「堀先生が物語る……」と板書します。

板書は以下です。

……堀先生が物語る。

①（事実）渡部くんが　山下くんを　ひどく　なぐった。
②（意見）まったく　渡部くんは　ひどい　やつだ。

「この四つの文節「渡部くんが」「山下くんを」「ひどく」「なぐった」の中に、堀先生の意見、堀先生のこの事件に対する「評価」がなされている文節があります。どれですか？」

生徒たちは即座に答えます。「ひどく」だと。

「そうですね」と引き取り、「ここで語られている事実は、実は『渡部くんが山下くんをなぐった』ということだけなのです。それを『ひどく』と捉えているのは、あくまでも堀先生なのです」とまとめます。

「では、渡部くんは山下くんを何発なぐったのですか？」と尋ねると、生徒たちは「一発や二発じゃない。たくさんなぐった」「いや、そうとは限らない。一発でも思いっきり強くなぐったのかもしれない」などと答えます。「ひどく」を○で囲みながら、「そうです。何度も何度もなぐったのかもしれないし、思いっきり一発なぐったのかもしれない。もしかしたらその両方で、思いっきり何発もなぐったのかもしれない。それはわかりません。

ただ、そういう事実を堀先生は自分の意見として『ひどく』と表現したのです。『事実』と『意見』との間にはこういう関係があります」とまとめます。

「では、文②はどうですか。どういったところに堀先生の『意見』が読み取れますか？」と問います。

……堀先生が物語る。

① （事実） 渡部くんが 山下くんを **ひどく** なぐった。

② （意見） まったく 渡部くんは ひどい やつだ。

生徒たちは「まったく」「ひどい」と挙げていきます。「やつだ」を挙げる生徒もいます。「やつだ」を挙げた生徒を指名して、「なぜですか？」と問うと、「『やつ』は『生徒』とか『人』とかでもいいから」という答えが返ってきます。

「そうですね。『まったく渡部くんはひどいやつだ』は、『まったく渡部くんはひどい生徒だ』でも『まったく渡部くんはひどい人だ』でも『まったく渡部くんはひどい人間だ』でも構わないわけです。これを『まったく渡部くんはひどいやつだ』と表現したところに、堀先生の意見、つまり、渡部くんに対する『評価』が含まれているわけです」

「ついでに言えば、『渡部くんは』の『は』にも、堀先生の評価があります。『渡部くんは』と強調しているということは、そこでは山下くんや他の生徒たちはひどくないという表明でもあるのです。渡部くんだけが特別にひどいのだという堀先生の評価があらわれているわけですね。また、最後の『やつだ』の『だ』という断定にも、堀先生の強い評価が含まれているのかもしれません」

……堀先生が物語る。

① （事実） 渡部くんが　山下くんを　**ひどく**　なぐった。
② （意見） **まったく**　渡部くん**は**　**ひどい**　**やつだ**。

3　再び、〈語り〉を読む

以上を踏まえて、もう一度、先に掲げた『オツベルと象』冒頭に目を通してみてください。冒頭の文章が、例えば次のように見えてくるはずです。

オツベルときたらたいしたもんだ。稲こき機械の六台**も**すえつけて、**のんのんのんのん**

のんのんのんと、おおそろしない音をたててやっている。
　十六人の百姓**ども**が、顔をまるっきり真っ赤にして足で踏んで機械を回し、**小山のように**積まれた稲をかたっぱしからこいていく。わらはどんどん後ろの方へ投げられて、また**新しい山**になる。そこらは、もみやわらから立った細かなちりで、**変にぼうっと**黄色になり、**まるで砂漠のけむりのようだ**。
（以下略）

　オッベルを「たいしたもんだ」と評価しているのが「牛飼い」であることは言うをまちません。しかし、それだけではなく、「のんのんのんのんのんのん」などという特殊なオノマトペを使っているのも、「小山のように」「砂漠のけむりのようだ」と喩えているのも、「百姓ども」と百姓を蔑視しているのも、すべて牛飼いなのです。また、「稲こき機械の六台も」と六台を多いと感じているのも牛飼いですし、「おおそろしない」などという特殊な語彙（皆さんはこれまでの人生で「おおそろしない」という形容詞を聞いたことがありますか？）を使っているのも他ならぬ牛飼いなのです。
　この後、このように「牛飼い」の意見（自己表出があらわれている情意表現）を物語全体を対象にマーキングさせ、四人グループで交流させました。こうした作業に取り組むことで、「オッベル」や「白象」といった登場人物だけでなく、語り手「牛飼い」の人物像もまた浮かんでくるのです。こうした作業は、喩えて言うなら、「文学作品を〈立体的〉に読む」ということになるのではないでしょうか。

具体的な指導言は以下です。

これから八分間取りますので、「第一日曜」全文について、「ああ、これは牛飼いの意見だ」というところをマーキングしてください。交流する時間はあとでたっぷり取りますので、まずはおしゃべり禁止で自分一人でやってみます。そのとき、「稲こき機械の六台も」の「も」の　ように、或いは「十六人の百姓ども」の「ども」のように、できるだけ短い言葉でマーキングすることを心がけてください。時間は八分もありますから、一度最後まで読んでマーキングしたら、もう一度読んでみてください。一度目に読み落としていたところがきっと見つかるはずです。何か質問はありますか？　では、スタート。

では、これから四人で交流をします。まずは赤ペンを用意してください。これからは赤ペンしか使いません。用意できましたか？

さて、まず、だれから始めても構いませんが、最初の人が最初の一文を読みます。読んだ後に「私はここに線を引きました。これはこうこう、こういう理由です。また、ここにも引きました。これはこういう理由です」と、線を引いた箇所すべてを説明します。そうしたら、他の三人は「私もそこに線を引きました。こういうこともあるよね」或いは逆に「私はそこには線を引きませんでした。それはこういう理由です」と、ああでもないこうでもないと語り合ってください。
その際、「なるほど、それはその通りだ」と納得したら、自分が線を引いていなかったところにも線を引いたり、「なるほど、これは違った」と納得したら自分が引いていた線に赤で×をつけて消したりしてください。この活動は「これぞ正しい答え」というものがあるわけではありません。従って、納得できない、私はそうは思わないというところは、赤で訂正する必要はありません。そうやって、あくまで「自分の読み」を確立してください。何か質問はありますか？　では、スタート。

生徒たちは二時間程度、夢中になって解釈をぶつけ合います。しかもかなり高いレベルで語り手の「語り」を読みながら。

七　愛読書を交流する

1　ものの見方・考え方を広げ深める

朝読書の全国的な普及以来、生徒たちに読書習慣が身についてきました。生徒たちの読書量も九〇年代までと比べて格段に増えています。しかし、読書量は増えているものの、その読書傾向には偏りが見られます。流行の猟奇的な小説ばかりを読む者、ケータイ小説をはじめとした恋愛物ばかりを読む者、ライトノベル以外には見向きもしない者、アスリートの成功譚ばかりを読む者、三国志をはじめとする中国の歴史物ばかりを読む者、朝読書の風景は、こうした生徒たちであふれています。この実態を打開する第一歩として本単元を設定しました。

単元構成は、生徒個々人の愛読書を読み合うことから、各々の考える読書の魅力を交流するとともに、その中から何のために読書をするのか、読書の目的とは何なのかについて、少し抽象的に考えてみるという読書をテーマとした特設単元です。カタルシスを得ることだけを目的とした生徒たちの読書の実態に鑑み、読書の在り方について視野を広げることを目的としています。

この単元では、「自分の愛読書を紹介するグループ・プレゼンテーション」を単元を貫いて（ちょっと古いかな？ 笑）位置づけていますが、読書に対する視野を広げる、自分が気づかなかった愛読書の魅力について知るといった交流を通して、ものの見方・考え方を広げ深めることへの寄与を目指すところに主眼があります。

2 ワールド・カフェを導入する

ホールシステム・アプローチという考え方があります。「ホールシステム・アプローチ」とは、「不特定多数の関係者が一堂に集まってさまざまな課題や、共通の未来について話し合う会話手法の総称」（『ホールシステム・アプローチ』香取一昭・大川恒・日本経済新聞出版社・二〇一一年九月）と定義されます。その有効な手法の一つとして「ワールド・カフェ」があります。最近はずいぶんと普及してきましたのでご存じの読者も多いと思いますが、一九九〇年代にアメリカで開発された全員参加型の会議形態のことです。ファシリテーションの会議形態の一つとして、創造的な企画を生み出すのに有効な手法として知られています。（詳細は拙著『教室ファシリテーション10のアイテム・１００のステップ』学事出版・二〇一二年三月を参照）

具体的には次のように行われます。

ラウンド１
性別・世代などできるだけ多様な四人グループをつくり、テーマについて交流する
ラウンド２
グループを解体して別の四人グループをつくり、同様に交流する
ラウンド３
元の Round-1 のグループに戻り、これまでの交流を踏まえてグループでアイディアをつくる
ハーベスト
各グループのアイディアを全体で交流する

本単元は、この「ワールド・カフェ」の手法を採り入れ、愛読書の交流を行い、そのうえで小集団でプレゼンテーションしていくという流れを組んでいます。

3　愛読書の交流をし、プレゼンする

単元は次のように構成しました。

(1)　愛読書の選定

次時より愛読書を紹介する授業を行うことを予告し、愛読書を一冊持参することを指示

する。ジャンルは問わない旨を告げ、「こんなものを授業で紹介しても良いのだろうか」と感じるもので構わないので、ほんとうに好きな本を持ってくることを強調した。

⑵ お勧めポイントの選定

まず、持参した愛読書がなぜ好きなのか、その理由についてノートに五点以上箇条書きすることを指示する。簡単なこと、たわいもないことで良いことを強調し、できるだけ多くの理由を挙げるように示唆した。

次に、最も気に入っている箇所連続二頁分を選ぶこと、その頁をだれもがすぐに開けるように付箋をつけることを指示した。

更に、その頁から顕著に読み取れるその本の魅力を三点以上、大きめの付箋（76×127ミリ／黄色）に書くことを指示した。その際、付箋一枚につき、一つの魅力を書くものとし、できるだけ大きな字で見やすく書くように促した。

⑶ グループ分け

その後、ワールド・カフェに向けてグループ分けを行った。この際、男女二人ずつ、ジャンルができるだけ別々になるように配慮した。具体的には、まず、男子の小説、ライトノベル、歴史物、スポーツ、科学読み物、その他、女子の小説、ライトノベル、ケータイ小説、エッセイ、その他という順番に学級全員で輪をつくらせる。その後、端から１から

9まで順に番号を言わせる。9番まで行ったら1番に戻る。この繰り返しである。最終的に、37人学級だったので1番が五人、2から9番までは四人のグループとなった。このグループ編成で向かい合って座ることを指示したわけである。

(4) 愛読書の読み合い

各グループで愛読書のお気に入りの二頁を読み合う。その頁を読んでの感想をノートに簡単にメモしておく。以上が第一時である。次時に「ワールド・カフェ」に取り組むことを予告して、この時間を終えた。

(5) ワールドカフェ・ラウンド1（十五分）

> 問い　本の魅力って何なのでしょうか。できるだけ多くリストアップしてみましょう。

まず、各自が愛読書の魅力を語る。その際、前時に書いた付箋を提示しながら語ることを指示する。その後、交流を重ね、読書の魅力についてリストアップしていく。この段階ではまとめることはせず、どんどん膨らませていく。交流する中で新たに思いついたことも付箋に書いて増やしていく。

(6) ラウンド２（十五分）

問い　結局、本の魅力って何なのでしょう。幾つかにまとめてみましょう。

次にグループ替えをしてのラウンド２である。次のように言う。

「これから〈ラウンド２〉を始めます。テーマは〈ラウンド１〉での交流を踏まえて、『結局、本の魅力って何なのでしょう。幾つかにまとめてみましょう』です。まずは、〈テーブル・ホスト〉がこのテーブルでは〈ラウンド１〉でどんな話し合いが行われたのか、模造紙に書かれたものを使いながら説明してあげてください。次に、他の三人が『私のグループではこんな話し合いだったよ』とか『うちのグループではこんなことも出ましたよ』とか、できるだけ観点を広げられるような報告をしてください。この二つが終わったら、いよいよいま提示した問い『結局、本の魅力って何なのでしょう。幾つかにまとめてみましょう』というテーマについて、四人で話し合いを始めます。模造紙は自分のグループのものだと思って、遠慮せずにどんどん書き足して構いません。何か質問はありますか？では、スタート！」

生徒たちは、四つのグループから集まった四人の小集団で、多くの情報から本の魅力を整理していくことになる。

(7) ラウンド3（十五分）

問い 「これが読書の魅力だ！ ベスト3」をつくってみましょう。

ラウンド3ではもとのグループ（ラウンド1）のグループに戻って、読書の魅力を精査することになる。生徒たちは優先順位を考えたり、二つの魅力を融合したりしながら、ベスト3をまとめていく。例えば、あるグループは「泣いたり笑ったり怒ったり心が豊かになる」「知らなかった知識をたくさん教えてくれる」「本について語り合うことで友人関係が豊かになる」とまとめていた。この時間はハーベストを行わず、第二時を終えた。

(8) グループ・プレゼンテーションの準備

第三時は前時にグループでまとめた「読書の魅力ベスト3」をもとに、自分たちのグループ四人の愛読書をグループ・プレゼンテーションすることを予告し、その準備をさせる。具体的には、各々の本について、ベスト3の各項目に関して具体的な魅力を挙げ、それを八〜十分程度のプレゼンテーションとして構成するわけである。最初にベスト3の項目を挙げ、それに基づいて一人ひとりが愛読書を紹介していくというグループ・プレゼンテーションである。その際、「読書の魅力ベスト３」に関してだけは画用紙三枚にまとめ、順次発表しながら提示することを指示した。また、実物投影機で頁をモニターに映したり、印象的な叙述を朗読したりなどの工夫を施すことを指示した。

⑼ 愛読書発表会（二時間）

九つのグループが全体に対して、順にグループで愛読書をプレゼンテーションしていく。ちょうど二時間かかった。その後、全員の愛読書を一ヶ月間だけ学級文庫に置くことを指示した。生徒たちはこの間、朝読書で互いの愛読書を読み合い、休み時間に感想を述べ合っていた。

第一に「ワールド・カフェ」による交流、第二に「グループ・プレゼンテーション」による交流、第三に仮の学級文庫に置いての一ヶ月間の交流、この三つの交流活動によって、生徒たちの読書に対する視野を広げる、自分が気づかなかった愛読書の魅力について知るという二つの目的は達成されたと考えています。一年に一度程度、繰り返し繰り返し取り組みたい活動であると考えています。

八　機能する小集団交流・10の原則

僕のつくる授業を五つ、その授業づくりの勘所、その授業づくりの発想が読者の皆さんにできるだけ理解できるようにと、情報を取捨選択しながら紹介してきたつもりです。

実は、このような授業をつくるにあたって、僕の中には「小集団交流を機能させるための10原則」があります。本章の最後にそれを紹介したいと思います。

まずはその前に、読者の皆さんに一つお尋ねしましょう。

小集団交流が「機能する」とはいったいどういうことなのでしょうか。どういう状態になれば、何が達成されれば、その小集団交流は「機能した」と言えるのでしょうか。

一概には言えない――僕が考えるに、これが正しい答えということになります。発想を広げるタイプの小集団交流（例えば〈ブレインストーミング〉のような）と思考を深めるタイプの小集団交流（例えば〈ラウンド・ロビン〉のような）とではその機能が異なります。四月に機能させるべき小集団交流と十月に機能させるべき小集団交流と三月に機能させるべき小集団交流とでは、その質がまったく違います。国語科で機能させるべき小集団交流と算数（数学）で機能させるべき小集団交流との間にも質的な違いがあるかもしれません。もちろん、「機能する」という場合の一人ひとりの「機能度」の違いについても教師は視野に入れなければならないでしょう。「小集団交流の機能」とはかようにさまざまな観点をもち、難しい概念なのだとまずは心得る必要があるのではないでしょうか。

とはいえ、やはり原理・原則というものをもたないことには、なかなか安定した成果を上げることができません。そこで整理したのが次の10原則です。

【原則１】子どもたち全員に「話す内容」をもたせる

数年前のＡＬの流行以来、小集団交流を人間関係づくり、学級の協同的な雰囲気の醸成ばかりで考える向きがあります。もちろん、そうした要素は小集団交流にとって重要であり、決して無視できません。無視できないどころか、ＡＬ導入における一方の本質であるとさえ言えます（詳細は第一章を参照されたい）。しかし、特別活動ではなく、教科の授業において小集団交流を活用するということになると、人間関係の醸成だけを目的とするわけにはいきません。文科省が「ＡＬ」という呼称を改め、「主体的・対話的で深い学び」という新たなキーワードを選択したのも、現場にはびこる人間関係醸成ばかりを重視する機運へのアンチテーゼであったのだろうとも推察されます。

さて、学びを成立させる前提として何より必要なことは、子どもたち全員が「話すべき内容」をもつことです。「自分の意見」をもつことと言っても良いかもしれません。人はある課題と向き合うとき、自分の意見をもつことによって初めて他人の意見が気になるようになります。自分の意見がない場合には他人任せになったり、考えることを放棄してしまったりするものです。「どうせ何も変わらない」と投票に行かない人たちのように、体はそこにあり、一応某かをしゃべって参加している体を装いながらも、基本的には議論がどう転んでも構わないと思っている、そんな状態になりかねません。

多くの小集団交流を取り入れた授業を見ていると、この「自分の意見をもつ」という最初の段階に充分な時間を割かず、「さあ、話し合え」と交流を急ぐ実践が散見されます。しかしそれは、背理なのです。

もちろん特別活動において学級の問題点を交流するというような場合ならばそれも良いかもしれません（赤坂真二先生提唱の「クラス会議」のような）。しかし、授業ではそうはいきません。学級の問題点ならば子どもたちは日常的に学級のことを既にいろいろ考えているという前提があります。しかし授業で考える課題は多くの場合、その課題について人生で初めて考えるのです。子どもたちにしっかり意見をもつ時間を提供し、自分の意見（第一次自己決定）をもたせ、話すべき内容、交流すべき内容をもたせてあげるべきなのです。この原理については拙著『よくわかる学校現場の教育心理学～ＡＬ時代を切り拓く10講』（明治図書・二〇一七年七月）で一章を設けて詳述しましたので、ここでは繰り返しません。

【原則2】ゴールイメージをもたせる

小集団で交流させる場合、課題が難しいから取り敢えず交流させようという実践もよく見られます。もちろん課題があまりに難しいという場合に、ちょっと近くで話し合ってごらんということはあり得ます。しかし、それは初期指導のペア・トークやバズ・セッションであって、いわゆる「小集団交流」とは似て非なるものです。少なくとも「主体的・対話的で深い学び」を成立させるための小集団交流とは次元を異にしています。そうした場当たり的な、教師が困ったから交流させるというような計画性のない交流時間を設けることはできるだけ避けるべきでしょう（ただし、年度当初には必要な場合があります）。

何分間の交流なのか、どのような手立てで話し合うのか（発言順や発言時間など）、途中でメンバーシャッフルや自由な立ち歩き交流の時間はあるのか、ブレインストーミング的な話し合いであれば幾つ以上のアイディアが出れば良しとするのか、深めるタイプの話し合いであれば最終的に「メンバー全員が納得するような合意形成」を目的とするのか、それとも「一人ひとりの思考が深まれば良い」というゴールフリー型の交流なのか、これらをあらかじめ予告することによって、子どもたち一人ひとりがどのように時間を使おうかと考えられるようにしなくてはなりません。

小集団であろうと学級全体であろうと、交流には制限時間と交流活動の関係を意識しながら進めていくという「メタ認知」が必要です。最初に時間と活動の見通しがもててこそ、子どもたちもそうした「メタ認知」ができるのです。見通しのない交流は無駄な時間が多くなってしまいがちです。それを避けるには教師の計画性が不可欠なのです。

【原則3】拡散から収束へを原則とする

小集団交流はすべての意見をリストアップすることから始まります。四人なら四人、六人なら六人が事前にもった意見をすべて、まずは平場に出す、この段階がなければ小集団交流は始まらないとさえ言えます。その意味で、小集団交流はまず最初にすべてのメンバーが第一発言として、自分の意見（第一次自己決定）を述べることから始めなくてはなりません。

このルールがないと、声の大きい子、学力の高い子が交流時間を仕切り、次第にだれていくことになります。一時間の交流時間でだれてしまうことも少なくありませんし、回を重ねるうちに少しずつだれていくこともありますが、それらは子どもたちが「交流する甲斐がない」と感じることによります。学力低位の子たちは「どうせ相手にしてもらえないし……」と感じ、学力上位の子は「自分の意見ばかりが通って一人でやっても同じ」と感じることから小集団交流の「だれ」は生じます。この点に教師は配慮に配慮を重ねなくてはなりません。

収束はあくまで、最大限に拡散した後に行われるべきことなのです。

【原則４】捨てられた意見を再度検討する

リストアップが終わり、さあ、意見をまとめようということになるわけですが、子どもたちが小集団交流に慣れてきたら、すぐに収束へと向かわずに更に欲を出してみたいものです。それは簡単に言えば、「捨てた意見」を更にリストアップしてみるということです。

小集団交流の前提として自分の意見をもつ段階、つまり第一次自己決定の段階があるわけですが、その段階で各々が検討したうえで捨てた意見というものがあります。「一人で考えたときに捨てた意見ある？」と言って、どのように第一次自己決定に達したのかという経緯を交流してみるのです。すると、「あっ、私もそれ考えた」とか「そう。僕も同じ理由でその方法を捨てたんだよね」などといった交流がなされるようになります。それは思考の経緯を語っているように見えながら、なぜその理由でそれを捨てたのか、どのような優先順位で考えたのかといった、第一次自己決定に至る観点を検討することになるのです。実は「捨てた意見」とその「捨てるに至る経緯」は、学びの宝庫なのです。

【原則5】混沌を歓迎する

多くの教師が子どもたちの沈黙を怖れます。小集団交流なら尚更です。多くのグループの中で一つだけ沈黙しているようなグループがあると、「停滞しているな」とか「まじめにやっていないのかな」とか「人間関係がこじれてるかな」とか考えてしまいます。そしてここは支援が必要と、あれこれ話しかけてしまったり余計な指導を加えたりしてしまいがちです。

しかし、意見のリストアップがなされ、それを掛け合わせていよいよ何かを生み出そうとするとき、ときに混沌に陥ることがあるのです。いえ、それは必然とさえ言えます。それは生産的沈黙（M・ピカート）であって、ネガティブな沈黙ではないかもしれません。もしもそうならば、教師は手も口も出すことなく待たなければならないでしょう。実は教師にはこの構えが必要なのです。少しくらい盛り上がっていないように見えても子どもたちに任せてみる。見守ってみる。その繰り返しの中で、生産的沈黙とそうでない沈黙との見分けもつくようになっていきます。

小集団交流を機能させたいと思うならば、「混沌を歓迎する」くらいの構えが必要なのだ、実は僕はそう考えています。

【原則６】発言順に配慮する

リストアップのために全員が最初のひと回りで発言するといっても、学力の高い子が最初に発言して、他の子が「なるほど、それが答えだ。自分の意見は言う必要がなくなった」と感じてしまうのでは、小集団交流はうまく行きません。学力上位の子は交流に甲斐を感じなくなり、学力低位の子は次第に諦めが顔を覗かせるようになっていきます。

そうならないためには一斉授業のときと同じように、基本的に学力低位の子から学力上位の子へと発言していくのが理想です。しかし、「成績の悪い子から発表しなさい」という指示はナンセンスです。そこで、小集団交流に慣れてくると「自信のない子」から発表していく、というルールを設けます。僕の場合、各々が「自分の意見」を書いた段階で、その自分の意見に対する自己評価をさせることにしています。その意見に対する自信の度合い、その意見を通したいという熱意などを五段階で評価させるわけです。「せーのドン！」で片手（指の数。五段階の五であれば五本の指を広げて示すのように）で評価を見せ合い、指の数が少ない子から発言していくというシステムを取ったり、自分の意見を書いたノートやワークシートに自己評定欄を設けて数字を書かせたりしています。

生徒たちは「1」（指を一本しか挙げないとか、ノートに1と書いたりとか）の子の意見をよく聞き、わからないところは教えてあげながら和気藹々と進めています。中学生にさえ割と評判の良いやり方ですので、小学校でも少なくとも高学年にはおすすめです。

【原則7】緩衝材を用意する

ファシリテーションの運動が世に広めた最も大きな功績は、交流の真ん中に記録媒体を置いたことです。いわゆる「グラフィック・ファシリテーション」ですね。模造紙を置いたり、ホワイトボードを置いたりしながら、それぞれの意見が記録され、結びつけられ、慣れてくると図解化やイラストまで飛び出すようになります。

こうした議論の「見える化」、交流の「見える化」の機能を果たすものとして導入されているグッズは、実は、議論内容や交流内容の顕在化、つまり記録性を第一義として導入されたわけではありません。リストアップされた事項がひと目でわかり、似た意見、対立する意見もひと目でわかる、そうした対立や優先順位を一望し、生産性を高めるために考案された手法なのです。要するに、議論・交流をメタ認知するための媒体であるということです。

加えて、こうしたグッズには「緩衝材」としての機能もあります。人は対面で、しかも音声だけで交流するよりも、間になにか記録媒体があってそれに向かいながら、それを利用しながら交流したほうが話しやすい、交流しやすいという傾向があるのです。こうしたグッズは、話しやすい雰囲気をつくるためにも必要なのであって、単に記録したり生産性を高めたりするためだけのものではないのです。その意味で、模造紙やホワイトボードは小集団交流にとって必須アイテムとさえ言えます。そうした大規模なものでなくても、せめてＡ３判の用紙を一枚置いたり、百円ショップで売っているようなミニホワイトボードを置くなりして、緩衝材としての機能をもたせたいものです。

【原則８】メンバーをシャッフルする

メンバーシャッフルをシステムとして位置づけた交流システムに「ワールド・カフェ」があリますが、固定したメンバーの固定した思考を一度壊して新鮮な意見を聞いてみることは、小集団交流にとってとても効果的です。「ワールド・カフェ」はあまりにも大規模なシステムなので授業にはなかなか導入できませんが、「ワールド・カフェ的」にメンバーをシャッフルすることはとても簡単です。また、時間がない場合なら、「三分間だけ自由に立ち歩いて交流してごらん」とか、意見がＡ・Ｂ・Ｃ・Ｄの四つに分かれているならそれぞれの意見の人たちを教室の四隅に集めて（Ａ派は前の窓側、Ｂ派は後ろの廊下側というように）、それぞれ「作戦タイム」を設けるなどということもできます。

とにかく、リストアップ同様、子どもたちが情報を広く集められる機会をできるだけ増やすことが大切です。

【原則９】学びとは最終的には個人のものと心得る

小集団交流の目的とは逆のことを言うようですが、「学び」は最終的には個人のものです。ですから、小集団交流を介して自分の見解がどう変わったのか、自分が今回の小集団交流で何を学んだのか、何を発見したのか、そうしたことを振り返る機会を設けたいものです。できれば、自己評価させたり学習感想文を書かせたりしながら、その一時間での自分の学びを記録させることが一人ひとりに「深い学び」を保障します。

【原則10】ポートフォリオをつくらせる

授業で使った記録やワークシート、また原則９で提案した自己評価や学習感想文など、授業にはさまざまな思考記録があります。それらはできれば一つにファイリングして、いつでも振り返られるようにしておくことが大切です（いわゆるファイルを使っても良いですし、すべてのワークシートをノートに貼れる大きさにするのも効果的です）。

人が最も「学び」を実感するのは、自分の記録に成長を見出したときです。その意味で、ポートフォリオは最大のアイテムになるのです。

第三章

ＡＬ型授業の課題

一　ＡＬ課題の四つの条件

1　カオスを言語化する体験

ある企画で金大竜先生と対談しました（『アクティブ・ラーニング時代の教師像「さきがけ」と「しんがり」の教育論』堀裕嗣×金大竜・小学館・二〇一六年三月）。

話題がＡＬ型授業の実践例を紹介し合う流れになったときのことです。

金先生が「日露戦争は必要だったか否か」を課題とした六年生社会科の授業を紹介しました。必要派は日本が先進国に追いついて国際社会における立場を確立するのに必要だったと言い、不必要派は植民地支配の残虐さを根拠とする意見を出したと。子どもたちが互いに相手陣営を説得しようと、さまざまな資料を持ち込んでとても良い学びが成立したと。

僕はそれに対して、次のように応えました。

堀　その切り口は面白いね。例えば、日露戦争を中心に日本近代を考えるという構想があって、まず日露戦争だけについて議論して、日露戦争から第一次世界大戦に行く過程を学んだ後、「日露戦争は必要だったのか」について話し合い、さらに第二次世界大戦まで学んだ後に、また「日露戦争は必要だったのか」について議論する。

ここまでやると、さらに深い学びになると思います。（同書一六四頁）

金先生はこれを聞いて、「僕は二週間かけてこの授業を考えたのに、堀先生は閃きであっという間に単元をつくってしまいますね」と驚いていました。

冒頭から金先生とのこんなやりとりを紹介するのには理由があります。それは僕が、このやりとりにＡＬを考えるうえで教師が意識しなくてはならない本質的な観点が存在していると考えているからなのです。

金先生は小学校教師ですが、実は社会科を専門としています。ですから彼の中には、おそらく日本近代史における日露戦争を子どもたちに理解して欲しい、日露戦争の意義、その功罪を子どもたちに理解して欲しい、そうした社会科的な指導事項が明確に意識されています。しかし、僕は中学校の国語教師です。日露戦争の功罪それ自体を学んで欲しいというよりは、ものの見方・考え方を深めるとともに、それをいかに言語化するかを考えるという体験を踏ませたい。そう考えます。

この違いが、金先生の視座を日露戦争それ自体に向けさせ、僕の視座を日本近代史の複雑に絡み合ったカオスのようなところに向けさせる。そう考えて良いだろうと思います。

日露戦争には、日本が敵うはずのないロシアに勝利して驕っていくという経緯があったり、にもかかわらず米国の仲介によって賠償金を得られなかったことから経済的な豊かさへの渇望を促進したり、庶民から見ればこれだけ頑張らせておいて実質が得られなかったと歴史的な焼き討ち事件が起こったりと、さまざまな側面があります。こうしたそれぞれのメンタリティが複雑に絡み合って、その後の日本近代が形成されていく、そうした意味で日露戦争は近代史にとってとても大きな出来事です。第一次大戦に対するディベートや二次大戦に対するディベートを行うよりも、日露戦争を基軸に議論するほうが人間の業、日本人の業に対する思考は深まり、学びは深まるのです。

2　課題設定の四条件

僕はＡＬの課題について、四つの条件があると考えています。

(1)答えのない課題

ＡＬは経済界主導で、いわゆる「即戦力」の社会人を教育界が育てるべきだとの要求から発祥してきた経緯があります。また、教育行政には国際社会に通用する人材を育成するため、研究大学を指定し、ＡＬの導入によって創造性豊かなエリートを育てたいとの意図が見え隠れします。これらの導入の経緯から、ＡＬは中等高等教育のものであるとか、ＡＬはエリート教育に過ぎないので公立の小中学校には馴染まないとの議論もあるようです。

しかし、ＡＬはいわゆるキーコンピテンシー（資質・能力を総合的に高める）の教育であり、公立小中学校にいるたくさんの子どもたち、要するに言葉は悪いですが「非エリートの子どもたち」にも決して不要な教育思想ではありません。

目まぐるしく移り変わる社会を生き抜いていかなければならない子どもたちに対して、私たち教師が答えの定まった、知識中心の従来の教育観に止まっていたのでは、子どもたちの将来に「見えない壁」をつくることになりかねません。従来の教育観による教育は、数多の知識を与えるだけでなく、教師は意識せぬままに「どこかに最良の答えがあるはずだ」「最適解を見つけることが問題解決だ」という狭い世界観を形成してしまいます。

あなたの学校の職員室を見回してみましょう。あまり良い言い方ではありませんが、年配の教師ほど自分の価値観のみに縛られた狭い世界観で子どもたちを評価しているのではないでしょうか。そしてそれは、自分の世界観を最良であり最適であるとする知識中心の学力観、教育観が形成してきたものなのではないでしょうか。だからこそ、年配教師ほど新しい教育改革に対応できない傾向をもつのです（もちろん、すべての年配教師がそうだというわけではなく、あくまでも「傾向」です）。ＡＬは最適解を「見つける」教育から、自ら納得できる最適解を自分で「つくる」教育への転換と言えます。そのためには、どこかに最適解のある課題ではなく、答えのない課題、自ら最適解をつくるための課題を、私たちが日常の授業に大胆に導入しなければならないのだ、ということなのです。

⑵複数で交流することにこそ価値をもつ課題

例えば、先に挙げた「日露戦争に見えるものの見方・考え方」を議論することを考えてみましょう。この課題で交流・議論するにあたって、自分が最初に考えたことが小集団での交流・議論に際してまったく変わりもしなければ深まりもしなかったということがあり得るでしょうか。どれだけの資料を繙き、どれだけネットで調べて自分の見解を固めて交流に向かったとしても、他者の見解にまったく触発されることなく交流・議論を終えることはできないのではないでしょうか。

ALはこうした「自分一人で考えた見解よりも、複数で交流することによって高次の見解が得られた」という経験を積み重ねること、それ自体に意義があります。将来、他人の意見を謙虚に受け入れる姿勢、他人の力を借りて自らを高めていく姿勢、自分が困ったときに他人にヘルプを出せる姿勢、総じて「他者とつながる姿勢」を子どもたちが身につけるには、AL型授業の課題にもこうした視点が不可欠なのだ、ということです。

⑶子どもの将来に必要とされる課題

例えば、子どもたちが原発問題について考えることなく、将来を生きていくことは可能でしょうか。例えば、子どもたちが我が国の安全保障問題について考えることなく生きることが可能でしょうか。いいえ、こうした社会問題だけではありません。恋愛や結婚について、老人介護について、仕事のやり甲斐について、出世競争について、他人の人生にどこまで介入して良いのかについて……これらを考えることなく生きていくことが可能でしょうか。これらはエリート・非エリートに関係なく、だれもが一度は真剣に悩み、その後、意識するしないはあるにしても人生を賭けて追究していくことになる課題なのではないでしょうか。

どれもこれも自分の外に最適解などなく、結局は自分で自分なりの最適解をつくるしかない、自分自身で納得できる判断をするしかない、そうした課題として人生に立ち現れてくる、そういう課題なのではないでしょうか。そして大切なのは、こうした人生必須の課題とでも言うべきものが、実は学校教育でほとんど扱われていないということなのです。私たち教師は、こうした人生の課題とでも言うべきものに対して、子どもたちに「構え」をつくっておく、そうした責任を負っているのではないか、僕はそう考えています。ＡＬはこうした課題に触れさせる、それもこれは人生を通して囚われ続ける答えのない課題であり、最適解は他人の意見を参考にしながら自分でつくるしかない課題なのだということを「構え」として形成していく、それにふさわしい教育思想であり教育形態なのです。

(4) 一回性を実感させる課題

多くのＡＬ型活動形態は四人を単位としています。また、前にも述べた通り、成熟した活動形態、完成した活動形態ほどメンバーを頻繁に入れ替えます（「ジグソー」や「ワールド・カフェ」など）。これらはある小集団が他ならぬそのメンバーだからこその一回性の議論であることをよく踏まえた活動形態であるということが言えます。もし一人でもメンバーが入れ替わればまったく異なった議論になりますし、仮に同じメンバーだったとしても一ヶ月後に交流すればまったく違う議論が展開されます。

すべての交流、すべての議論は大袈裟に言えば歴史性を帯びており、必ず一回性の機能をもっています。だからこそ、同じ課題で交流・議論するにしても、メンバーを入れ替えて複数回交流・議論することが奨励されますし、同じメンバーの議論でも時間を隔てて複数回行うことが奨励されるのです。冒頭に挙げた「日露戦争是か否か」の例などはその典型と言えるでしょう。

「対話」は生き物です。メンバーが変わればまったく異なった「対話」が形成されます。また、人は日々学び、日々成長しますから、同じメンバーでも時を隔てればまるで違う「対話」が現出するのです。このことを教師が深く認識しなければなりません。ＡＬ課題の条件として、最後にこのことを強調しておきます。

二 説明課題の効用

1 説明課題がもたらすもの

前節にて、ＡＬにおける課題の四条件を提案しました。

(1) 答えのない課題
(2) 複数で交流することにこそ価値をもつ課題
(3) 子どもの将来に必要とされる課題
(4) 一回性を実感させる課題

この四条件です。〈評価〉というものは〈課題の質〉と連動しますから、評価法それ自体が独立して成立することはありません。その意味で、評価法は課題とセットで論じられる必要があります。

最近流行の課題に「〜を説明する」という課題（以下〈説明課題〉と呼ぶ）があります。

『学び合い』運動が普及させた課題ですが、義務教育の授業課題として、しかも教科書学力を定着させる課題としては、良い課題の在り方だと僕も考えています。国語科では「なぜ主人公が〜してしまったのか説明する」「筆者がなぜ冒頭でこのような疑問を抱いたのか説明する」、社会科では「日本の〇〇の傾向について説明する」「この歴史上の人物の最大の功績を説明する」、算数（数学）科では「〇〇の解き方について説明する」「なぜ、この式で正しいのか説明する」などなど、教科を越えて応用範囲が広く、非常に汎用性の高い課題の在り方と言えます。

まず第一に、〈説明課題〉には「答え」がありません。もちろん、教師が教材研究において到達した本時の目標とする「説明」はあるかもしれません。また、子どもたちがその時間で到達した最も良い「説明」もあるでしょう。しかし、それらはいずれも、「非の打ちどころのない完璧な説明」ではないはずです。あくまで本時目標としては「過不足のない説明」「妥当な説明」であるだけです。それが国語科における主題の説明であったり（人間の本質を言い表すような）、社会科における社会問題の説明であったり（原発はなぜ必要かなどというような）、道徳におけるモラルジレンマであったり（AとBはどちらかと言えばどちらが良いかというような、或いは他に手立てはなかったかというような）すれば、大袈裟に言えばそれは無意識的に子どもたちの一生の問題にさえなるかもしれません。

〈説明課題〉は実はそうした構造を内包しています。

第二に、〈説明課題〉は複数で交流するからこそ価値をもつ課題であるという特徴も満たしています。〈説明課題〉の授業はまず最初に「個人で説明してみる」という営みから始まります。それぞれが自分の説明を持ち寄って、それらを比較検討する。他者から学び、自分の説明を修正する。あるいは各自の良いところを取り入れながら、それぞれの説明を融合してより高次の説明をつくる。そんな営みが次々に現象することになります。それが子どもたちそれぞれにとって、主体的で対話的な学びになることは明らかです。他者と交流することの価値も実感されるようになります。

第三の子どもの将来に必要とされる課題という要素については一考を要します。教科書に掲載されている学習事項については義務教育の基礎基本であるという微視的な「将来に必要とされる」であれば、教科書教材はすべてこの条件に当てはまることになりますし、もっと生活問題とか、社会的な問題意識とか、生きるうえでの価値観のように「将来に必要とされる」を巨視的に見るならば、そのような課題に近づけば近づくほど質の高い課題であると捉えることになるでしょう。〈説明課題〉はこのどちらにも適用できるわけですから、この「子どもの将来に必要とされる課題」という条件が〈説明課題〉を批判したり否定したりする要件にはなり得ません。授業者としては、より質の高い課題をつくることに努力すれば良い、というだけのことです。

第四の一回性を実感させる課題についても同様です。本時で子どもたちが「できた！」と思った説明に満足するのでなく、今後再び三たび考えれば、また別の説明があり得るかもしれない。子どもたちがそれを意識していれば意識しているほど、その課題は質の高いものということになるでしょう。また、自分たちが試行錯誤のうえに到達した説明というものは、常に一回性をもっている、だから今後、より高次の説明に到達する日が来るかもしれない、子どもたちがそう考えられるような教室経営をすることは、「主体的・対話的で深い学び」として目指すものの一丁目一番地とも言えるかもしれません。

いずれにしても、〈説明課題〉はこうしたさまざまな特質をもち、おそらくは「自分なりに説明することができたか」で測られることになるその評価も、子どもたちの過去・現在・未来を結びつけるような価値ある評価になると言えます。

2 説明課題の条件がもたらすもの

ただし、「自分なりに説明することができた」というだけでは、やはり「主体的・対話的で深い学び」が成立したとは言い難い面があります。だらだらと説明する、抽象的にごくごく簡単に説明する、それで事足れりとしてしまうのは、教師の評価としてはとても楽ですし、子どもたちにとってもそれなりの満足感はあるのかもしれませんが、やはり授業としても評価としても中途半端と言わざるを得ません。

例えば、次のような国語科における二つの課題を比較してみましょう。

Ａ　なぜ主人公が～してしまったのか、説明しなさい。

Ｂ　なぜ主人公が～してしまったのか、一〇〇字以内で説明しなさい。

両者の違いは、「一〇〇字」という説明するうえでの条件があるかないかです。主人公が某かのことをしてしまう理由にはさまざまなことが考えられます。「これもある」「あれもある」と、子どもたちはさまざまな見解をもって交流するわけですが、そこで出た要素をすべて書いてだらだらと説明したのでは、実は交流で出た要素を羅列しているだけで、課題に正対した「説明」とは言えません。そこで、字数指定という条件を設けて、交流の中でリストアップされたさまざまな要素を関係づけたり、それぞれに優先順位をつけたり、より高次のレベルの言葉でまとめたりといった作業を求める。それがこうした字数指定の条件、言い換えるなら説明の「規模」を規定する条件なのです。

しかし、一般に〈説明課題〉に字数指定を施すと、子どもたちはその指定字数程度で答えられるのが先生の求めている答えなのだと考えます。あるいは、字数指定があるんだからなんとかその紙幅を埋めればいいんでしょということにもなりがちです。

その結果、先生の求める答えは何だろうという無意識の枠組みで百字程度になるような要素を探すことになります。それは他者（＝教師）の枠組みを想像しながらも、一応の思考はしているわけですから、ある意味では「主体的」と言えるかもしれません。しかし、決して子どもたちが「主体」として活性化し機能しているとは言い難いでしょう。また、そうした枠組みに囚われている子どもたちが、「これかなあ」「でも、こういう要素もあるよ」「そういや、これもあるね」「これは百字には長すぎるよね」などと交流したとします。これは確かに子どもたちが交流していますから「対話的」とは言えるかもしれません。しかしこれもまた、「対話的」とは言えても、「対話」が成立しているとは言い難いのではないでしょうか。ましてや、こうした説明文づくりの在り方、こうした学びの在り方を「深い学び」と呼ぶことには多くの教師が抵抗を抱くはずです。

しかし、多くのAL実践がこのようなレベルの「主体的」、この程度のレベルの「対話的」に堕している現状があります。こうした授業は「深い学び」とはとても言えない、教師に対する様子窺い的な、一斉授業の亡霊のまとわりついた授業に過ぎません。

僕は「主体的・対話的で深い学び」が成立するためには、少なくとも次のような過程が必要になると考えています。

(1) ブレインストーミング的に課題解決の要素をリストアップすること

(2) KJ法的に課題解決のそれぞれの要素を関連づけたり優先順位をつけたり高次の次元でまとめたりすること

〈説明課題〉に取り組む場合にまず大切なのは、最終的に「説明されるべきこと」の要素となる可能性のある事柄について、思いついたことのすべてがリストアップされることです。例えば、先の国語科の主人公の行動に関する議論ならば、四人なら四人のグループでまずは各自が自分の説明を提示する。それぞれが完成させた説明を提示し合うだけでなく、個々人が説明するうえで取り入れなかった要素、捨てた要素まで議論の俎上に載せる。そういう意味です。「僕は～と説明するのが良いと思う」だけで終わらずに、「どうしてそういう説明になったの？」とか「その説明にするのに入れようかどうしようか迷って、結局入れなかったものってある？」といった交流が行われる。そして「ああ、それ、僕も思った」とか「それ、～という理由で僕も捨てたんだよね」といった交流を行いながら、四人のこれまでの思考がすべてリストアップされる。こうした営みがまずは必要なのです。『学び合い』がだれと交流しても良いという自由度を大切にしたり、ジグソー学習やワールドカフェがメンバーを入れ替えながら進めていくのも、ただ交流や議論を活性化することに止まらず、交流し議論するうえでまずはこのような情報の拡散、要素のリストアップが何よりも大切なことであるからなのです。

想定されるすべての要素がリストアップされれば、それぞれの要素が関連づけられたり優先順位が検討されたり高次の言葉でまとめられたりという営みは、実は必然的に行われるようになります。「これとこれ、似てるよね」「これよりはこっちの方が大事じゃないかなあ」「これとこれは言い換えればこういうことじゃない?」といった思考は、放っておいても子どもたちにわき起こるのです。KJ法的な思考というのは実はそれほど難しいものではありません。リストアップされた要素をどう関連づけたりまとめたりするか、そこだけを取り上げようとするからかえって難しくなるのです。それ以前のリストアップの段階に時間をかければ、実はリストアップ時点で子どもたちはさまざまなことを既に考えていますから、そのときに言葉にはできなかったけれど実は考えたり迷ったりしていたということがつながり始め、情報の精査の時点では交流や議論が加速するものなのです。これはどれだけ強調しても強調しすぎるということがないくらい大切なことなのですが、時間と労力をかけるべきは、ブレインストーミング的なリストアップの段階なのです。

ここまで来れば、読者の皆さんにも説明するうえでの「規模を規定する条件」の機能も見えてくるはずです。子どもたちは自分が考えたり発見したりしたことはすべて言いたい、表現したいと思うものです。いいえ、子どもたちだけではありません。私たち教師だって、つまりは大人だって、思考過程や発見過程は語りたくて仕方ないものです。しかし、それをすべて言って満足するというところに「深い学び」はありません。「深い学び」は自分の思考や発見を更に精査し、取捨選択して、より重要なもの、より高次なものはどれかと「絞り込む思考」にこそ生まれるのです。そしてそうした「絞り込む思考」こそが子どもたちの「主体性」を発揮させ、子どもたちの「対話」を促進させるのです。説明の「規模を規定する条件」というものは、このように機能するように付与しなければならない。それこそがＡＬ実践における課題づくりの成否、授業づくりの成否の勘所なのだと僕は考えています。

3　学習活動のタイミングがもたらすもの

例えば、社会科において、次のような課題を設定したとしましょう。

Ａ　日本の農業の傾向について説明しなさい。

そして、この日本の農業の傾向・特徴について、教科書には八点書かれていたとしましょう（僕は国語教師なので、この「八点」というのはあくまで適当です・笑）。この場合、どのような規模条件を付与すれば良いでしょうか。

こうした場合、例えば次のように課題を設定するわけです。

Ｂ　日本の農業の三大傾向を説明しなさい。

教科書には八つの特徴が載っている。でも、課題は三大傾向。要するに三つに絞らなくてはならない。これは困った。どう絞るか。一貫性のある観点を何か見つけて絞り込まなければならない。ただ八つの中から三つを選ぶというわけにはいかない。ここまで論理的でないにしても、子どもたちは無意識的にこう考えるはずです。この課題は、要するに日本の農業の三大傾向というものを「自分たちなりに創れ」と言われているのだと。こういう思考に追い込んでこそ、こういう立ち位置に追い込んでこそ、実はＡＬは機能し始めるのです。ＡＬにおける「主体性」「対話」が、「深い学び」になる可能性が子どもたちに起動し始めると言い換えても良いかもしれません。

教師は教材研究において、教科書に八つの特徴が載っていれば、一般にその八つの特徴のすべてを子どもたちに発見させようとします。この八つの特徴が頁をまたいで、ある頁に六つ、別のある頁に二つなどという掲載の仕方がなされていたとすれば、よけいにこれを発見することは学習として価値が高いと思うでしょう。子どもたちに協同で発見させる価値があると。

しかし、実はこうした発想こそが「一斉授業」の亡霊なのです。それならば、一斉授業で八つの傾向を確認してしまえば良いのです。そして、それらを三大傾向に絞るという思考だけに授業を焦点化すれば良いのです。そのほうが子どもたちにも不満が残りません。

最初の頁にしか注目せず、六つしか見つけられなかった子どもたちは、他のグループによって実は八つあったということを聞いて、そしてそのグループが教師に「よく見つけたね」と褒められるのを聞いて、「な～んだ、僕たち間違っていたのね」「あんなに話し合ったのに無駄な時間だったね」となってしまいます。

教師がＡＬ実践に本気で取り組もうとするならば、この八つのすべてを見つけるという観点を評価項目からはずさなければならないのです。その覚悟ができるか、そういう腹の括り方ができるか、そこがＡＬ実践を機能させられるか否かの試金石になります。

例えば、四人グループが八つでこの課題に取り組むことを想定してみましょう。提案の便宜上、活動段階をＡ～Ｃの三段階に分けて書いていきます。

【Ａ】子どもたちはまずは個人で教科書から要素となる情報を探します。六つしか見つけられない子もいれば、複数の頁を検索して八つすべてを見つける子も出るでしょう。もしかしたら一つも見つけられずに、右往左往し続ける子もいるかもしれません。そうして個々がそれぞれに自分なりの三大傾向をつくったりつくれなかったりします。まずはこの個人で試行錯誤する時間が必要になります。

【Ｂ】そして、次に四人グループをつくります。ここでは四人のそれぞれが自分の個人の思考過程を発表することになります。教科書から要素として何を見つけたのか、何を見つけられなかったのか、三大傾向をつくるにあたって何を取り入れ何を捨てたのか、そうした四人の思考がリストアップされることになります。そして四人であれこれと考えることになります。

【C】次第に三大傾向をつくるうえでの観点ができてきて、この観点だとこういう説明ができる、別のこの観点ならこういう言い方ができる、さてどちらが妥当だろうかと、いろいろな議論がなされるはずです。結果的に観点のどれかに絞り込み、各グループなりの日本の農業の三大傾向ができあがります。授業としてはこういう流れです。

実はこれだけでも、それなりにAL実践として認められるだけの要素は含んでいます。子どもたちは自分なりに考え、対話し、課題に正対する形で、日本農業の三大傾向を創出したわけですから。それをグループごとに発表したり、それぞれの説明を読み合ったりすることでシェアすれば、一般的には学習として上出来とさえ言えるでしょう。

しかし、この授業には、教師の中では現実的に二つの不満が残ります。一つは先にも言ったように本当は八つ見つけて欲しい日本農業の特徴について、六つしか見つけられていないグループができあがってしまうことです。これをなんとかできないか。もう一つは、日本農業の三大傾向を創った結果は全体で交流されているものの、三大傾向創出の過程においては、学級全体としてはなんら交流がなされていないことです。これでは、学級の三十数人が協同したとは言えず、学級が各グループの四人だけであっても同じだったということになってしまいます。

そこで、交流活動、対話活動の途中で、ジグソーやワールドカフェのようにグループをシャッフルすることを考えます。あるいは学級全体を立ち歩き自由、交流自由にして情報交換する時間（以下「シャッフルタイム」）を設けます。最近では、多くの教師が取り入れている手法でしょう。

しかし、こうした学級全体での交流は授業過程の中で、どのタイミングで導入すべきでしょうか。まず第一に考えられるのは、活動段階のＢとＣの間ではないでしょうか。各グループでリストアップが終わり、さあ、いよいよ三大傾向をつくろうという段階で、一度シャッフルをかける。すると、教科書情報を六つしか見つけられていなかったグループは、他のグループから実は八つあるようだという情報を入手することになります。もとのグループに戻ったときには、本格的にＣの段階に入る前にまずは残り二つの特徴が必ず話題になるはずです。今後の話し合いにとって、重要な情報が付加されるわけですからそれを無視することはできません。教師に子どもたちにどうしても八つの情報を見つけたうえで課題に取り組んで欲しいという思いが大きい場合には、このタイミングでシャッフルタイムを入れるのがふさわしいでしょう。

第二に考えられるのは、活動段階Cの途中で入れることです。ここにシャッフルタイムを入れれば、各グループの思考の固定化を避けられます。子どもたちに限らず、固定したメンバーで交流していると、どうしても思考の在り方、考える方向性が固定化していくものです。数人のメンバーで指導案検討をしていて、思考が固定化してしまったとき、それまでの経緯を知らない第三者の素朴な意見でこれまでの方向性がまるで変わるほどに目を見開かされる。教師ならこんな経験をもっているはずです。子どもたちにとっても同じです。別のグループの情報をこのタイミングで取り入れることは、凝り固まり始めたグループメンバーの発想を別の観点によって活性化することにつながるのです。

いま、シャッフルタイムを導入するうえで二つのタイミングについて述べました。前者のタイミングで導入すれば、評価観点には後者で導入するよりも教科書掲載の八つのポイントが強く意識されることになるでしょうし、後者のタイミングで導入すれば、評価においても前者よりも三大傾向を創出する観点のほうにより重きが置かれることになるでしょう。この節の冒頭で課題と評価は連動していると述べましたが、このように、実は学習活動と評価観点も連動するのです。唯一正しい評価の観点、唯一正しい評価の手法があるわけではありません。課題や学習活動の質に応じて、授業のねらいと評価観点を連動させるマネジメント能力こそが必要なのだ、そう言わざるを得ないというのが評価というものの本質なのです。

もちろん、交流活動を丁寧に組織するとともに、評価観点も総合的に設定するということであれば、この両方のシャッフルタイムを短時間で取り入れることもあり得ます。そのうえで、最終的にリフレクションに時間を割いて、自分たちの交流をどのようにメタ認知できるかこそを大きな評価観点として導入するという在り方も考えられます。いずれにしても、ＡＬ実践における評価は、ブレインストーミング的な要素リストアップを原動力とし、ＫＪ法的な思考フレームによって交流を加速させることを主軸としながらも、教師が情報の収集や思考の活性化さえも協同的に行うという覚悟をもって学習活動を仕組んでこそ、その観点も定まるのだというのが本稿の僕の結論なのです。

ＡＬは「活動概念」ではなく、「機能概念」です。現象的に子どもたちがどれだけ賑やかに交流したり議論したりしていても、ＡＬが成功したとは言えません。子どもたちの中に冒頭で挙げた課題の四条件のごとき「深い学び」がどれだけ機能したか、その学びの深まりにＡＬだからこそ生まれた「主体性」や「対話」がどれだけ寄与したか、常にこうした観点で自らの実践が点検される。こうした営みを継続的に続けていくこと以外にＡＬ実践の評価の成否はもちろん、ＡＬ実践そのものの成否さえ一概には言えないのです。

一斉授業であろうとＡＬ型授業であろうと、教材研究の大切さは何ら変わりません。むしろ、教材研究に新たな観点が加わり、かえって難しくなったのだと捉えるほうが正しいのだと思います。そして、私たちは今後、その険しい道を進まなくてはいけないのです。

三「したたかな学力」を育てる課題

ＡＬ型授業の課題づくりについて、またそうした課題をどのように子どもたちに機能させるのかについて、かなり多くの紙幅を割いて述べてきました。しかしこれらは、「しなやかな学力」と「したたかな学力」で言えば、どれもこれも「しなやかな学力」の課題です。最後に「したたかな学力」の課題づくりの可能性について述べて、本章を閉じたいと思います。

第一章でも引用しましたが、大澤真幸が次のように述べています（『〈問い〉の読書術』）。


本を深く読むということは、どういうことか。読むことを通じて、あるいは読むことにおいて、世界への〈問い〉が開かれ、思考が触発される、ということである。本は情報を得るために読むわけではない。そういう目的で読む本もあるかもしれないが、少なくとも、読書の中心的な悦びはそこにはない。

よい本は、解答ではなく、〈問い〉を与えてくれる。〈問い〉は、不意の来訪者のようなもので、最初はこちらをびっくりさせる。だが、その来訪者と対話することは、つまり、〈問い〉が促すままに思考することは、やがて、この上ない愉悦につながる。自分の世界が広がるのを実感するからである。

僕はこれを授業に置き換え、「よい授業を受けると、世界への〈問い〉が開かれ、思考が触発される。授業は情報や知識を得るために参加するのではない。そういう授業もあるかもしれないが、授業の中心的な機能はそこにはない。よい授業は解答ではなく、〈問い〉を与えてくれる。自分の世界を広げてくれる」と言い換え、こうした授業観に転換する必要があるのだと主張しました。

また、僕は本章の冒頭でＡＬ型授業の課題について、次のような四つの条件を提示しました。

⑴　答えのない課題

⑵　複数で交流することにこそ価値をもつ課題

(3) 子どもの将来に必要とされる課題

(4) 一回性を実感させる課題

こうした「〈問い〉を生み出す授業観」、そのために構成する課題の諸条件は、ともすると「しなやかな学力」、つまり子どもたちが今後、情報化社会、消費社会、国際化社会、総じて「多様化社会」の中で生き抜いていくために必要な「柔軟な学力」とでも言うべきものを形成するためだけのもののように感じられます。しかし、僕はＡＬ型授業のこれらの授業観、課題の条件を、実は「したたかな学力」の形成にも大きく寄与するものであると考えているのです。

人生においてぶつかる課題、問題、悩みというものは、そのほとんどが百点満点の解答なんてないものです。

(1) 好きな女ができた。どうやって口説こうか。

(2) あの人とうまくいかない。このまま「さよなら」だろうか。それも仕方ないとも思える。自分はほんとにあの人のことが好きだったのだろうか。そしてあの人のほうはどうだったのだろう。

(3) どうしても仕事がうまくいかない。この仕事は自分に向いていないのだろうか。なにか、ほんとに自分に向いている他の仕事があるのではないだろうか。

(4) 二人目の子どもが生まれた。夫の助けなしにはやっていけない。だけど、彼は忙しそう。自分が頑張るしかないのだろうか。このままでは育児ノイローゼになるかもしれない。

(5) 同期に出世で先を越された。オレのほうが頑張ってきたのに。腹が立って仕方ない。上司はなにを見ているのか。

(6) 父親が倒れた。保険のきかない先進医療にはお金がかかる。父はそんな無駄金を使うなと言う。でも、父を見殺しになんてできない。自分はどうすればいいのか。

(7) 自分の人生に後悔はなかったか。悔いなく生きてきたと胸を張れるか。残りの人生をどう生きようか。どう生きれば充実したものになるのか。

どれもこれも人生においてだれもが一度は抱く〈問い〉です。それも人生の分岐点で経験するような〈問い〉でさえあります。しかも、どの〈問い〉にも百点満点の答えなどあるはずもありません。なのに、多くの人々がどこかに正しい答えがあるような気がして彷徨い、「これかな…」と思って進んだ道が思いのほか険しいことに戸惑います。なかには人生半ばで絶望してしまう人もいます。

この国の人々は答えのない課題、自分で判断するしかない問題には極端に弱いところがあります。悩み、痛みを感じたときには「現在(いま)この瞬間」に縛り付けられ、長い目で見ることができなくなります。なにかヒントはないかと本を読んでも、だれかに助言を求めても、「情報を求める姿勢」で臨みます。あたかも大澤真幸の言う「情報を求める読書」のごとく、人生の中心的な歓びや悦びではない、そんなフレームしか持ち得ないのです。そのフレームの中では、絶望は手を伸ばせば届く範囲にあります。

日本人は生活においてさえ、解答のない課題に対峙したとき、解答を求めて彷徨(さまよ)います。ただ解答を教える授業をしても、解答はないんだよという授業をしても、この人間の業にはあまり変わりがありません。でも、「どこかに解答があるのではないか」とこの課題に対峙するのと、「解答は自分でつくるのだ」とこの課題に対峙するのとでは、その様相はまったく変わると思うのです。

僕はこうした人々が生活上必ず抱えるであろう〈問い〉、必ず判断を強いられる〈課題〉に対して、学校教育が一切の貢献をしていないことがとても気になります。その結果、子どもたちはこうした「だれもがいつか抱えざるを得ない課題」に対して無防備のまま社会に出て行きます。そして我々の何代も前の祖先から、いま私たちの目の前にいる子どもたちまで、時期が来たら同じことに迷い、同じことに悩み、そしてときには同じことに絶望するのです。

道徳が「特別の教科」として動き始めました。巷では「議論する道徳」、つまりはＡＬ

的な道徳の授業づくりが流行しています。しかしそのテーマは、相変わらず規範について考える教材、偉人への感心、自分からは遠い人の死への向き合い方を学ぶ、国や郷土を愛するとはどういうことかといったものが主流です。なぜ将来だれもが迎えざるを得ないような、具体的な人生の分岐点について扱わないのでしょうか。僕にはそれがとても不思議なのです。

僕は長く「文学教育」を研究してきました。文学は実は四つのテーマでできています。

(1) 愛
(2) 社会
(3) 死
(4) 性

この四つです。

教育に引きつけて言えば、子どもたちが最初に読むのは「愛の物語」です。それも無償の愛です。まだ「社会」を学ばない子どもたち、経験していない子どもたちにとって、愛は無償なのです。そんな子どもたちの読み物のテーマに次第に「社会」が加わっていきます。世界は自分の思い通りではない。だれもが自分に無償の愛を注いでくれるわけではない。ここに人生の大転換が起こります。更には「死」です。近しい人が亡くなる、時には一人の判断が多くの命を奪うことがある、そんな現実が世の中にたくさんあることに衝撃を受けます。そして青年前期を迎えたとき、「愛」は無償であるだけでなく、そこに「性」が大きく介在することを学びます。いいえ、介在などという生やさしいものではありません。むしろ自分という存在自体が「性の循環」の中にこそ在ることに思いを馳せざるを得なくなるのです。

すべての文学はこの四つのテーマが絡み合ってできています。あるものはシンプルに、あるものは複雑に。それは人生がこの四つのテーマでできていることの証左です。

もちろん、いまさら学校教育に「文学教育」を、などと主張したいのではありません。ただ、道徳教育によって人間が「正しく生きる」「よりよく生きる」ということだけを学ぶのでなく、やはりかつては「文学教育」が担っていたような、どうしても勤勉に生きられない自分、ついつい逃げてしまう自分、どうしても人を傷つけてしまう自分、どうしても親より自分の都合を優先してしまう自分など、要するに「正しく生きられない私」「よりよく生きられない私」というものをもう少し学校教育で扱うべきなのではないか、そう思うのです。

先ほど、人生の一時期にだれもが抱えざるを得ない〈問い〉を七つほど挙げました。あのような〈問い〉、あのような〈課題〉を学校教育で扱うことができるようになる、そうしたポジティブな印象をも、僕はＡＬ時代に抱いているのです。

第四章

ＡＬ型授業の技術

一 「主体的・対話的で深い学び」と教材研究

主体的・対話的で深い学び——すっかり流行語になりました。かつての「新学力観」や「ゆとり教育」といったキーワードと親和性のある概念のようにも思えますが、同様に流行語となっている「カリキュラム・マネジメント」との整合を考えれば、「新学力観」以前の「系統的な学習」や、「ゆとり教育」以後のいわゆる「学力向上路線」をも踏まえた、これまでとは次元の異なるかなり崇高な概念だと捉えるほうが適切なのではないか、そう僕は感じています。わかりやすく言えば、これまでと比べてとても「欲張りな概念」なのではないか、そう感じているわけです。その分、私たち教師に求められるハードル、学校教育の教育課程づくりに求められるハードルはこれまで以上にずいぶんと高くなっている。そうも感じています。いずれにしても、私たちにはこれまで以上に気を引き締めてこの改革に取り組むことが期待されています。

1 「深い学び」への焦点化

ここ数年、ＡＬの流行によって、小集団交流や体験学習、調べ学習に対する意識が、これまでと比べて現場の先生方にずいぶんと高まったように感じています。若い先生方がＡＬの流行を通して、活動的で楽しい学習形態を次々に開発し始めていることはとても心強いことのようにも感じています。しかしその一方で、このたびの「主体的・対話的で深い学び」というキーワードの提示には、「それだけでは駄目ですよ」という文部科学省の強い決意が表れているようにも感じるのです。

最近の先生方の動向を見ていると、「主体的・対話的」ばかりに意識が向き、「深い学び」にあまり目が向いていないのではないかと思われます。今回のキーワードは「主体的・対話的な学び」でもなければ、「主体的・対話的な深い学び」でもありません。「主体的・対話的で深い学び」なのです。「主体的・対話的」はあくまでも前提です。前提づくりに一生懸命に取り組むだけで事足れりとしていてはいけません。「主体的・対話的」な学習活動を成立させるのは当然のことで、私たちが学習の成立の在り方として焦点化すべきなのは「深い学び」のほうなのではないでしょうか。従って、教材研究においてもまず焦点化すべきは、この教材における「深い学び」の成立とは何か、それを明らかにしたうえでその「深い学び」を主体的・対話的に成立させるには如何なる手法があり得るか、そういう順番で考えるべきなのだろうと思うのです。

これは、なかなかに難しい課題です。一時間の授業や一単元の授業構想では到達しにくい学びの在り方です。だからこそ、「カリキュラム・マネジメント」なのでしょう。このように考えるとわかりやすいかもしれません。

2「メタ認知」へと誘う教材研究

例えば、国語の指示語の学習を考えてみましょう。詩人森崎和江に「朝焼けの中で」と題された次のような文章があります。第二章でも取り上げましたが、かつては光村図書の中学校教科書にも載っていた短いエッセイです。

> 朝早く戸外にノートと鉛筆を持ち出して、私はなにやら書きつけていた。が、空があまりに美しいので、その微妙な光線の変化を書き留めておきたくなって、雲の端の朝焼けの色や、雲を遊ばせている黄金の空に向かって感嘆の叫びを上げつつ、それにふさわしい言葉を並べようとし始めた。
>
> （『匪賊の笛』所収／波線を付したのは堀）

何気なく読めば読み飛ばしてしまいそうな箇所です。どうということはない文章と感じる読者もいるでしょう。しかし、子どもたちの学習として指示語を取り上げようと思えば、僕にはかなり有効な文章であるように思えます。

さて、この文章における指示語「それ」は何を指しているでしょうか。読者の皆さんも先を読むのを少しだけ休んで、考えてみてください。

もしもこの指示語をテストで問うなら、二五字以内と字数指定をつけて、「雲の端の朝焼けの色や、雲を遊ばせている黄金の空」とでも答えることを求めそうな文章です。

しかし、ここで提示されている情報にはレベルの違いがあります。もう一度、この指示語の対象と思われる部分を抜き出してみましょう。

空があまりに美しいので、その微妙な光線の変化を書き留めておきたくなって、雲の端の朝焼けの色や、雲を遊ばせている黄金の空……

この部分は、実は四つの情報に分けることができます。即ち次の四つです。

①　空があまりに美しい
②　その微妙な光線の変化
③　雲の端の朝焼けの色

④　雲を遊ばせている黄金の空

これらを抽象度の高い順に並べるとしたら、次のようになりましょうか。ちなみに、上位のものほど抽象度が高いことを意味しています。

①空があまりに美しい
　②その微妙な光線の変化
　　③雲の端の朝焼けの色
　　　④雲を遊ばせている黄金の空

②は①を具体化している。③④は②を更に具体化している。教材研究では、提示されている情報のこうした抽象度をこそ読み取らなければならない、僕はそう考えています。先にも述べたように、この指示語は特に難しく考えなければ、指示語直前の情報から「雲の端の朝焼けの色や、雲を遊ばせている黄金の空」と捉えてしまいそうな指示語です。そしてそれは決して間違いではありません。その結果、テスト問題にしても、授業での発問にしても、「指示語『それ』は何を指していますか。本文中の言葉を使って二五字以内で

書きなさい」と提示してしまうのです。教師としては（表層的には）教材研究をしたことになりますし、子どもたちも特に疑問を抱くことなく、簡単な指示語の問題として処理することになるかもしれません。四人グループで話し合いながら解くにしても、ああでもないこうでもないとやりながら、先のような答えに到達することでしょう。

しかし、僕が前に提示したように、この指示語の対象となっている情報が三段階のレベルに分かれているということを教師が捉えるならば、次のような課題が思い浮かぶはずなのです。

> 指示語「それ」は何を指していますか。本文中の言葉を使って一〇字以内・二〇字以内・四五字程度でそれぞれ書きなさい。

解答はそれぞれ次のようになりましょうか。

> 【一〇字以内】
> あまりに美しい空（八字）
> 空の微妙な光線の変化（一〇字）

【二〇字以内】
あまりに美しい空の微妙な光線の変化（一七字）
【四五字程度】
雲の端の朝焼けの色や、雲を遊ばせている黄金の空など、あまりに美しい空の微妙な光線の変化（四三字）

いかがでしょうか。通常の指示語の学習に比べて、課題に立体感が出てくるのがおわかりかと思います。

そしてここが大切なのですが、実はこうした立体感が出てくるからこそ、初めて小集団によって検討し合うことの価値、即ち「主体的・対話的な活動」を仕組むことの価値が生まれるのです。先の①〜④の情報を一つひとつ提示してそのレベル分けを教師主導で行うような授業ではなく、先の三種類の字数指定を施した課題を提示したうえで、四人グループをつくり、原稿用紙やホワイトボードでも与えれば、小学六年生であれば充分に解答に辿り着けるでしょう。その際、子どもたちは現象的には指示語の問題について話し合いながらも（主体的・対話的な学び）、本質的には提示情報のレベル分け、つまり「〈具象⇕抽象〉の思考」を体験しているのです（深い学び）。教師の「教材研究」と子どもたちの「主体的・対話的で深い学び」とは、例えばこのように連関するものだと僕は捉えています。
これからの時代に求められる教材研究の在り方とは、いわば「子どもたちをメタ認知へと誘うための教材研究」なのだと言っても良いかもしれません。

3 「自己相対化」を促す教材研究

子どもたちをメタ認知へと誘うための教材研究――これについてもう少し具体的に考えてみましょう。

皆さんは「ウサギとカメ」のお話をご存知だと思います。ウサギとカメが競走をして、カメを甘く見たウサギが途中で寝入ってしまい、結局カメが勝ったという、あのお話です。このお話を教材として、「主題は何か」と問うたとします。要するに、「このお話の読者へのメッセージは何か」「このお話の寓意は何か」ということを子どもたちに考えさせるわけです。これを問えば、子どもたちの見解は次の二通りに分かれることになります。

① 「ウサギとカメ」の主題は「油断するな」である
② 「ウサギとカメ」の主題は「努力する者は報われる」である

子どもたちからは二通りの見解が出される。しかし、教師は自らが「油断するな」が主題であると捉えているので、あれこれと理屈をつけて「油断するな」が主題だとまとめる。当初から「油断するな」を主題だと捉えていた子どもたちは「あってた！」ということになる。主題を「努力する者は報われる」だと捉えていた子どもたちはどことなく納得できない思いを抱きながらも、先生がそう言うのだからそうなのかなと渋々納得する。テストでは「油断するな」と書かないと○はもらえないのね、「油断するな」と書けばいいのね、になる。これが従来の一斉指導型の授業だったわけです。

これが「新学力観」以降、大きく変わりました。

子どもたちから二通りの見解が出る。教師は二つの見解があり得るということを教材研究の段階で理解している。どちらも等価だと考えている。だから、授業としては子どもたちに議論させることになる。侃々諤々と論争させたうえで、「うん。結論は出なかったけれども、とってもいい議論だった。『油断するな』も『努力する者は報われる』もどちらもあり得る。問題はきみたち自身がそう捉えたという自分なりの根拠だ。それをちゃんと説明できることが大切だね」などとまとめる。子どもたちとしてはだれもが自分の見解を否定されるということはなかったけれど、実は無意識のうちに「自分で考えたことこそが正しいのだ。自分は無条件に尊重されるのだ。尊重されるべきなのだ」ということを学ぶ。

どんなに浅い理解だったとしても「自分は正しい」になる。言葉悪く言えば、学校教育が「ナンデモアリのアナーキズム」を教えることになる。基本的にこの三十年はそうした教育が行われてきたわけです。

「主体的・対話的で深い学び」も後者の延長線上で考えられている傾向があります。これまで全体指導として考えられてきた後者のような思考枠組みが主に小集団の交流の中で行われることになる。これまでは全体指導だったので一度に発言できる子は一人だった。しかし、小集団交流ならば一斉に何人もの子が同時に発言できる。すべての子どもたちの発言機会が保障され、すべての子どもたちの言語活動機会も増える。授業が活性化するばかりでなく、子どもたち一人ひとりの思考も活性化する。他者の見解を聞くことによって自分の見解の理解も深化し拡充する。そうした捉えです。

確かに全体指導から小集団交流へと移行すれば、子どもたち一人ひとりの思考は活性化されるかもしれません。個々の見解が深化拡充するというのもその通りでしょう。しかし、それは先に僕が述べた「自分の絶対視」「ナンデモアリのアナーキズム」を強化することでしかありません。

「主体的・対話的な学び」ではあるかもしれませんが、「深い学び」とはとても言えないのではないか、僕はそう思うわけです。

この授業に「深い学び」を成立させたいならば、更にもう一歩突っ込んで考えさせたい。言い換えれば、子どもたちに自らの見解を「メタ認知」させたい。「油断するな」派と「努力する者は報われる」派とに分かれ、どうしてもまとまらないならば、次のように問いたい。

> 「ウサギとカメ」の主題を捉えたときに、「油断するな」と捉える者と「努力する者は報われる」と捉える者に分かれるのは何故か。

この問いが課題とされ、小集団で話し合われるのも良い。議論が終わった後のリフレクションの段階で提示されるのも良い。いずれにしても、子どもたちは「油断するな」がウサギの視点から捉えられたものであり、「努力する者は報われる」がカメの視点から捉えられたものであることに気づくはずです。

そして、どうやら自分たちの中にはウサギに共感するタイプの人間とカメに共感するタイプの人間とがいるらしい、ということにも気づくはずなのです。そしてこの気づきは、その二通りのタイプのうち、自分はウサギに共感するタイプの人間であるらしい、自分はカメに共感するタイプの人間であるらしいという、自己相対化へと移行します。

当然、成績上位の子どもたちの中には、「ウサギ共感型の人間とカメ共感型の人間の違いは何か」という問いへと向かう子が出てくるでしょう。「主体的・対話的で深い学び」と言うのなら、少なくともこのようなレベルの思考を促すものでありたい。僕はそう考えるのです。

「主体的・対話的で深い学び」の教材研究。それは教師の捉えを一方的に押しつけるのではなく、子どもの捉えをナンデモアリで絶対視させるのでもなく、他者との関わりの中で自己相対化を促すものでありたい。自らの思考を「メタ認知」させるものでありたい。そのレベルを求めるものでありたい。そう考えるのです。

二 「主体的・対話的で深い学び」と教材開発

教材開発には古くから、「上からの道」と「下からの道」があると言われてきました。「上からの道」とは、授業者にとっては教育内容がまずあって、その教育内容（＝指導事項）にふさわしい教材はないかと探し、それを見つけ、更にそれを教材へと加工していく道です。また、「下からの道」とは授業者が「あっ、これ教材にしたら面白そう！」という素材を見つけ、それをどの教科、どの単元で扱おうかと模索し、後に教育内容と結びつけて教材へと加工していく道です（『教材づくりの発想』藤岡信勝・日本書籍・一九九一年五月）。

１　上からの教材開発

例えば、小学校六年生が異性を意識し始めているのを感じる。それらに伴うトラブルも散見される。道徳で何か良い読み物資料はないかと見てみる。しかし、教科書を見ても副読本を見ても、どうもピンと来ない。

青年前期の恋心を描いた何か短い文学作品はないだろうか、テレビドラマや映画にそれにふさわしいシーンはないだろうか、ネット上に資料として機能させられるようなエピソードやネットトラブル事例、視覚資料などはないだろうか、こうした段取りで素材を探し、加工し、教材開発していこうとする手続き、これを「上からの道」と言います。

例えば、その結果、俵万智の短歌に行き着いたとしましょう。

A　まちちゃんと我を呼ぶとき青年のその一瞬のためらいが好き
B　何してる？　ねぇ今何思ってる？　問いだけがある恋は亡骸（なきがら）
C　思い出の一つのようでそのままにしておく麦わら帽子のへこみ

出典はすべて『サラダ記念日』俵万智・河出書房新社・一九八七年五月

Ａは男の子の照れが招く一瞬のためらい、ＢはＬＩＮＥを中心としたＳＮＳ圧力の構造、Ｃは野外でじゃれ合った後にその時間が確かにあったことへの回顧、いずれにしても青年前期の異性を思う心象として教材化できるだろうと確信したとします。

その後はどれを教材として用いようかと迷うことになります。それぞれ「ためらい」「亡骸」「へこみ」あたりをブランク（四角の空白）にして、何が入るかを予測し合うのもおもしろいかもしれません。或いは「主体的・対話的で深い学び」を想定するならば、三首すべてを扱って、どれが好きかと話し合い、その所以を交流するというようなことも考えられるでしょう。いずれにしても、どの短歌を使おうか（＝選択）とか、どこをブランクにしようか（＝加工）、比べ読みをさせてみよう（＝比較）といったこうした視点が、目的である「青年前期の異性への心象を扱う」に応じて授業者によって創られていく。この営みを「上からの教材開発」と呼ぶのです。

2　下からの教材開発

例えば、あなたが俵万智の『サラダ記念日』の文庫本（河出文庫・一九八九年十月）を読んでいて、次の短歌に感動したとしましょう。

会うまでの時間たっぷり浴びたくて各駅停車で新宿に行く

思い人に逢いに行くまでの時間は楽しい。それを少しでも長く楽しみたくて、快速や急行、特急があるにもかかわらず各駅停車に乗ったというわけですが、あなたはこの短歌に自分の中にも確かに存在する、ある心象、恋愛というものの構造を見出したわけです。

あなたはこの歌を子どもたちにも鑑賞させてみたいと思います。でも、いったい何の授業で扱えば良いのでしょう。短歌だから国語でしょうか。道徳ではちょっと価値項目と合致しない感じがします。よし。ちょうどこれから俳句の授業があるから、その事前指導として同じ短詩系文学である短歌を用いて、導入教材として機能させてみようか。そんなことを考えます。

さて、授業化する位置づけは決まりました。

しかし、このままでは「素材」であって「教材」にはなりません。どう加工しましょうか。ブランクにするなら「浴びたく」か「各駅停車」でしょうか。いや、でも、一首だけでは僕の趣味の問題で短詩系文学の導入として子どもたちにその魅力を実感してもらうことは難しい。とすれば、比較対照するような他の短歌も欲しい。あなたは、この短歌と対比的に学習できるような他の短歌がないかと、今度は教材探しの視点で『サラダ記念日』を読み直していきます。

その結果、小学六年生でも心象が理解でき、かつ難語句もないという観点から次の短歌が選ばれたとしましょう。

Ａ　会うまでの時間たっぷり浴びたくて各駅停車で新宿に行く
Ｂ　「この味がいいね」と君が言ったから七月六日はサラダ記念日
Ｃ　気がつけば君の好める花模様ばかり手にしている試着室
Ｄ　万智ちゃんがほしいと言われ心だけついていきたい花いちもんめ
Ｅ　文庫本読んで私を待っている背中見つけて少しくやしい
Ｆ　金曜の六時に君と会うために始まっている月曜の朝
Ｇ　オムライスをまこと器用に食べおれば〈ケチャップ味が好き〉とメモする

あなたは『サラダ記念日』のタイトルともなった短歌（Ｂ）をはじめとして、Ａを含めてこんな七首を教材候補としてピックアップしました。おわかりかと思いますが、このような営みを「下からの教材開発」と呼ぶわけです。

三　重い教材と軽い教材

一般に、教師が教材開発するという場合、このような段階で「どれか一首」を取り上げて教材化しようとします。

あるいは「どれか二首くらいを選んで」教材化しようとします。候補の中からより良いと思われる教材に絞り込んで、ブランクをつくったり鑑賞プリントをつくったりして少しだけ加工し、それなりの授業を構想しようとします。

「主体的・対話的で深い学び」が謳われ、アクティブ・ラーニング（以下「ＡＬ」）が称揚される昨今ですから、少しだけ小集団交流の要素も入れようとしますが、それも「この歌はどう解釈されるか」とか「この言葉はどういう意味か」とか問う程度。問いには教師によってあらかじめ「答え」が用意され、子どもたちの交流の後にはその答えが提示されます。もちろん子どもたちはその答えに疑問を感じることなく、「なるほどな」ということになるわけですが、これが「一斉授業」の亡霊なのです。

まずはここで、「答えのない課題」「子どもたちの判断に委ねる課題」「ダイナミックな学習活動」そして「指導事項さえ子どもたちが判断する授業構成」といったものを考えるべきなのではないでしょうか。少なくともその可能性を考えるべきなのではないでしょうか。それが「主体的・対話的で深い学び」の実現へとつながっていくはずなのです。

そもそも、短歌三首をピックアップしてその中から一首選んで教材化するとか、短歌七首をピックアップしてその中から一首か二首選択するという方法は、その選ばれた教材が担わせられる教材としての価値が重くなってしまいます。あの指導事項もこの指導事項も扱えるような教材、教材価値をいくつももっていて教師としても満足できる教材、そんな教材だけが教材としての価値をもつことになるのです。しかし、そんな教材価値をもつ素材はなかなか見つけられません。だから教材がなかなか見つけられないし、開発できないのです。

発想を変えてみてはいかがでしょう。三首見つけたら三首全部使う。七首見つけたら七首全部使うのです。

一つひとつの教材が担う価値は確かに軽いかもしれません。しかし、軽い教材が三つ集まったら、軽い教材を七つ比較検討したら、もしかしたら一つの重い教材よりも遥かに重い価値が生まれるかもしれないのです。しかも子どもたちの交流によって。

「主体的・対話的で深い学び」時代における教材開発は、ＡＬの教材開発の根幹は、僕はこの発想の転換にあると考えています。

四　子どもたちが「可能性」を感じ取れる教材開発

例えば、第一節で挙げたA～Cの三首すべてを使って、「三首の中でどの短歌が一番好きか」と問うて個人で判断、Aを選んだ子同士、Bを選んだ子同士、Cを選んだ子同士をそれぞれ教室の三つの隅に集めて、その短歌のどこが魅力的なのかを交流させてはいかがでしょう。もちろん、人数は三分の一ずつにはならないでしょう。それでもまったく構いません。

各歌を選んだ者同士でその短歌の魅力を十五分くらい交流したら、今度は六人程度のグループをつくって交流させるのです。しかもその六人には必ずA～Cを選んだ子のそれぞれが必ず入る。Aが三人、Bが二人、Cが一人だったとしても、必ず三首の魅力のすべてが出るはずです。たった一人でその魅力を語らなければならないCを選んだ子だって、それは一度Cを選んだ子が全員集まって、その魅力を徹底して語り合った経緯をもとにしてしゃべるのです。なんの問題もありません。

いずれにしても、この交流では、少なくとも短歌A～Cから読み取れる恋愛の観点がすべて提示され、どの短歌を選んだ子も恋愛観・異性観を広げていくのではないでしょうか。第二章でも紹介した通り、二節で挙げた七首を題材とした国語の授業であれば、こんな授業も考えられます。

> あなたは歌人です。それも日本を代表する歌人です。佐佐木幸綱・俵万智級の歌人です。そんなあなたがある文芸雑誌の短歌創作大賞の選考委員をすることになりました。「女子高生がつくる恋愛短歌大賞」という企画です。
> 実はこの七首が最終選考に残りました。大賞が一作品、次点が一作品、入選三作品、二作品は落選です。さあ、あなたはどれを大賞に選び、どれを次点とし、落選の二作品にどの二首を選ぶでしょうか。
> 個々人で大賞・次点・入賞・落選を選んでください。あとでたっぷり話し合いの時間がありますから、相談せずに自分で決めてくださいね。

いわゆる「ランキング課題」と言われるものですが、七首についてこのランキングを設定し、四人グループで交流すれば、間違いなくまったく同じ順位をつけた者がだれもいないという四人になります。

そして次のような見通しをもたせるのです。

もちろん、最終選考会ですから、結論を出してもらわなくてはなりません。いつもの話し合い同様、多数決は禁止です。意地とプライドをかけた活発な議論、そしてみんなが納得する結論を導き出してくれることを期待します。次の時間に、大賞と次点については選評をグループで書いてもらうことになりますから、なぜその短歌が大賞なのか、なぜその短歌が次点なのか、どんなところが他の短歌よりも良かったのか、そういうことを言葉にできるようにしてくださいね。では、スタート！

途中でワールド・カフェのようにメンバーをシャッフルしても良いですし、自由に立ち歩いてだれとでも交流できる時間をつくっても構いません。いずれにしても、三十分後には四人で結論を出さなければならない。その思いと自分がランキングした順位への思いとが交錯し、他人の意見にも「なるほど」と思いながら、子どもたちは意欲的に話し合っていきます。

指導事項としては、短歌を題材とした「選評作文を書く」という協同作文の授業として位置づけて良いですし、話し合った後に「結局、大賞に選ばれるような良い短歌の特徴っていったい何なのでしょう。グループで話し合い、何点かに箇条書きしてみましょう」とでも指示すれば、ちゃんと短詩系文学の授業としても成立します。間違いなく、俳句鑑賞の授業にも直結していくでしょう。

「上からの教材開発」であろうと「下からの教材開発」であろうと、結局、授業者が開発した教材というものは、このように最終的には答えがなく、それでいて子どもたちが意欲的に取り組め、かつ子どもたちの判断に委ねられる、そうしたものがあるべき姿なのではないでしょうか。少なくとも「主体的・対話的で深い学び」を目指す授業に本気で取り組もうとするならば、ＡＬ型授業づくりに本気で取り組もうとするならば、そうした構えが必要なのです。

これまで何度も書きましたが、ＡＬ型授業、即ち「主体的・対話的で深い学び」の成立を目指す授業を構想するにあたって、僕は課題の条件を次の四つであると考えています。

(1) 答えのない課題
(2) 複数で交流することにこそ価値をもつ課題
(3) 子どもの将来に必要とされる課題
(4) 一回性を実感させる課題

答えはないのに大切だと思える。自分一人では到達できないから話し合う価値がある。でも、メンバーが替わったり、また別の機会に話し合えばまったく違う議論になるかもしれない。そんな未来志向の「可能性」を他ならぬ子どもたち自身が感じ取れるような教材、そんな「教材開発」が求められるのが、「主体的・対話的で深い学び」を促す教材開発なのです。

五　AL型授業と指導言

1　発問と指示と説明

古くから教師の指導言の王道は〈発問〉だと言われてきました。素晴らしい発問をつくることが教材研究の王道であり、素晴らしい発問さえつくれば子どもたちは必然的に思考を始めるというわけです。従って、長く発問研究の本がたくさん出されてきましたし、著名な実践家の優れた発問もずいぶんと追試されてきました。

しかし、この発想は基本的に間違っていると僕は思います。

言うまでもなく、教師の指導言には〈発問〉と〈指示〉と〈説明〉の三つがあります（『授業つくり上達法』『発問上達法』大西忠治・民衆社）。原則として、〈発問〉とは子どもの思考に働きかける指導言であり、〈指示〉とは子どもの行動に働きかける指導言であり、〈説明〉とは授業のフレームをつくる指導言です。つまり、〈説明〉は〈発問〉や〈指示〉の前提となる指導言であり、〈説明〉なくしては〈発問〉も〈指示〉もあり得ないのです。

こう考えてみましょう。〈発問〉や〈指示〉のない授業は想像できますが、〈説明〉のない授業は想像できません。例えば、主語と述語の関係を説明することなしに、「この文の主語・述語は何ですか」という発問は成立しません。何をどのように書くのかという説明なしに「ノートに書きなさい」という指示も成立しません。授業において最も大切なのは、〈発問〉でも〈指示〉でもなく、〈説明〉なのです。

よく研究授業を参観したときに、教師の発問が子どもたちによく伝わらず、子どもたちが首をかしげることがあります。それに気づいた教師が何度も言い直しているのを見ることもあります。例えば、「どっちがふさわしいと思いますか」と発問したときに、その「どっち」の対象となっているＡとＢとが子どもたちに把握されていないために、授業に混乱を来しているというような場面です。

この場合、混乱の原因は「どっちがふさわしいと思いますか」という〈発問〉の文言にあるのではありません。そうではなく、この〈発問〉をする前段階の指導言、つまりこの〈発問〉の前提となっているＡとＢとを理解させる〈説明〉が不適切であったために、子どもたちに選択肢が理解されていないのが原因なのです。子どもたちが何を訊かれているのかわからないという表情をするとき、多くの場合、それは前提となっている事柄の共通理解が図られていないことに要因があるのです。教師がその前提を何度も言い直しているわけですね。

誤解を怖れずに言うなら、〈発問〉などというものは「なぜですか?」「どのようにしましたか」「だれですか」「いつですか」「どこですか」「何ですか」といった5W1Hが基本としてできるものに過ぎません。〈発問〉とは「問い」を「発する」ことですから、基本的には日本語の問いの形を超えて成立することはないのです。せいぜい「どっちですか」「いつからいつまでですか」「どこからどこまで移動しましたか」といった、5W1Hの組み合わせのバリエーションがある程度です。

授業を混乱させないためには、まずは、その〈発問〉の前提となっている事柄がきちんと学級全体に共有化された状態をつくることが必要なのです。その「事柄の〈説明〉」が的確になされたか、子どもたちに落ちているか、そこにこそ〈発問〉の成否、その〈発問〉が機能するか否かのポイントがあるのです。

〈指示〉にも同様のことが言えます。「新学力観」から「ゆとり教育」への活動型授業の隆盛によって、国語科の授業においても〈指示〉の重要性が意識されるようになりました。

「三回読みなさい」「ノートに書きなさい」「指摘しなさい」といった従来型の〈指示〉に加えて、「話し合いなさい」「交流しなさい」「結論を一つにまとめなさい」「グループで調べなさい」「わかりやすく説明しなさい」など、小集団を使っての協同学習に取り組ませる〈指示〉が多くなっているのが近年の特徴と言えます。しかし、こうした〈指示〉にも、まず例外なくその方法の説明、つまり「話し合い方」「交流の仕方」「調べ方」「説明の仕方」といったやり方が説明されているはずなのです。この「方法の〈説明〉」が不的確であった場合、その協同学習は混乱します。この「方法の〈説明〉」が的確になされたか、子どもたちに落ちているか、そこにこそ〈指示〉の成否、その〈指示〉が機能するか否かのポイントがあるのです。

私たち教師がまずもって身につけなければならないのは的確な〈説明〉の在り方です。短く明快に説明できることこそが、授業の成否にとって、子どもたちの学力形成にとって最も重要なポイントなのです。

2 ブリーフィング・マネジメント

例えば、ある授業において、次のような指導言があったとしましょう。

このとき、亜希子は「うれしい」とか「楽しい」とかいう「プラスの感情」を抱いたでしょうか、それとも「悲しい」とか「悔しい」とかいう「マイナスの感情」を抱いたでしょうか、これに対してみんなは両方あるって言うんだね。(子どもたちを見渡して)それじゃあ、もっと突っ込んで訊くよ。「プラスの感情」と「マイナスの感情」では、どちらかというとどちらが大きいだろうか。ノートに「プラス」か「マイナス」か、どちらかを書いて、その下に理由を「~だから」という形で一文で書きなさい。

この指導言において、〈発問〉は「『プラスの感情』と『マイナスの感情』では、どちらかというとどちらが大きいだろうか」という一文だけです。また、「ノートに『プラス』か『マイナス』か、どちらかを書いて、その下に理由を『~だから』という形で一文で書きなさい」というのが〈指示〉に当たります。

しかし、この指導言を機能させているのは、決してこの〈発問〉と〈指示〉ではありません。これまでの授業内容をまとめて「プラスの感情」と「マイナスの感情」の両方があるのだという確認、そして「それじゃあ、もっと突っ込んで訊くよ」という今後、進んでいく授業の見通しの確認、この二つこそがこの指導言の核心なのです。そしてこの二つは、言うまでもなく、授業のフレームを構築する機能をもっている指導言、即ち〈説明〉なのです。私たち教師は、自分が発している指導言の一つひとつについてこのように細かく分析する必要があるのではないでしょうか。

さて、指導言を考えるうえで、もう一つ注意しなければならないことがあります。それは指導言というものがコンテクストに支配されやすい側面をもっているという点です。コンテクストとはテクスト外という意味ですが、ここでは指導言の文言以外の情報や空気と考えるとわかりやすいでしょう。つまり、その指導言が発せられる教室環境や、その指導言を発する教師と子どもたちとの人間関係の影響を受けやすい、ということです。

読者の皆さんにこういう経験はないでしょうか。四月に新しい学級を受け持ちます。前の学級でしたのと同じ説明をしているはずなのにいま一つ通じない、やたらと細かなことを質問される、それに答えているうちに時間が過ぎてしまう、前の学級よりもこの子たちは理解力が低いのかなあ……と悩んでしまう。こんな例です。

しかし、こうした現象が起こるのは、決して新しく受け持った子どもたちの理解力が低いからではないのです。前の学級の子どもたちはもう一年近くもあなたのものの言い方、考え方、指導言の在り方に慣れてしまっていたために、必要以上に説明しなくてもツーカーで理解してくれていたのです。少々厳しく言えば、あなたの授業はあなたの授業に慣れた子どもたちに甘えることによって成立していたのです。こうした現象を勘違いして、「今年の子どもたちはちょっとなあ……」と感じてしまう事例は殊の外多く見られます。

指導言はコンテクストに支配される。ぜひ心構えとしてもっておきたい原理です。

研究会で模擬授業や講座の登壇機会を多くもつ人たちはこの構造を熟知しています。だからだれにでも伝わる、わかりやすい指導言を発することができるのです。皆さんもたまには他学級で授業をしてみて、自分の指導言が通じるか否かを点検してみてはどうでしょうか。

僕はこうした〈説明〉〈指示〉〈発問〉といった指導言の機能性を操作することを〈ブリーフィング・マネジメント〉と呼んでいます。〈ブリーフィング〉とは聞き慣れない言葉かと思いますが、ビジネス業界では「これから発生する事象について、事前に意識合わせをすること」という意味で頻繁に用いられる言葉です。この〈意識の共有化〉〈前提の共通理解〉をどのようにつくっていくかが、授業ではとても大切になります。これを意識しない授業、この意識の甘い授業は子どもたちの理解内容が方向性を失って浮遊してしまい、まず間違いなく「授業がにごる」という状態に陥ります。

冒頭でも触れましたが、〈説明〉〈指示〉〈発問〉は次のように捉えるとわかりやすいと思います。

【説明】 授業のフレームや、〈指示〉〈発問〉の前提をつくる指導言
【指示】 子どもたちの行動に働きかける指導言
【発問】 子どもたちの思考に働きかける指導言

つまり〈説明〉は、授業自体の〈フレーム〉を規定したり、〈発問〉や〈指示〉の前提となったりする重要な指導言なのであり、〈説明〉なくしては〈発問〉〈指示〉どころか、授業の〈フレームワーク〉自体が揺れてしまう、重要な〈ブリーフィング〉なのです。

3 指導言の十箇条

以下に、僕の提唱している「指導言の十箇条」を紹介します。

(1) 丁寧語を基本とする

必ずしも教師の指導言を丁寧語にすべきだと主張するつもりはありません。「～しなさい」「～なんだよ」という常体の指導言がしっくり来るという教師もいるでしょう。しかし、例えば、僕が若い教師に指導言の在り方を訊かれたとしたら、やはり丁寧語を用いること

を勧めます。

丁寧語でしゃべり出すと、人はたいていの場合、常体で話すよりも落ち着いたトーンで話し始めるものです。要するにゆっくりしゃべるようになるわけですね。それが子どもたちにとって聞きやすいスピードになることが多いのです。また、丁寧語は、個人に対して語りかけるのではなく、全体に対して語りかけているという印象を与えます。コンテクスト（教師と子どもとの日常的な関係性）に関係なく、パブリックな場という意識を醸成しやすいのです。更には、授業で丁寧語を使うことが日常会話と一線を画すので、日常会話によく見られる一文がやたら長いという状態に陥りにくくする、という利点もあります。

子どもの聞きやすさにも、自分の力量形成にも、僕は丁寧語の指導言が良いと思います。

(2) ノイズを取り除く

「ええと…」「あのう…」といった無意味な感動詞的挿入言。「〜ですね」「〜でさあ」と繰り返される口癖となった終助詞。「はい！　それではですね、はい、やってみますよ」「うん。そういうことなんだ。うん」など、子どもたちにというよりは自分に向けて言っている「はい」や「うん」。無くて七癖と言いますが、教師の指導言には実に多くの癖があるものです。これらがノイズとして耳障りな指導言にしています。

正直に言いますと、こうしたノイズに対して、多くの子どもたちは最初こそ気にしてはいるものの、一、二週間もすれば慣れてしまうものです。その意味では、授業の機能度にはそれほどの影響がないというのが現実です。しかし、だからといって放っておいて良いというものでもないでしょう。保護者への授業公開や研究授業だってありますし、何より年度当初、子どもたちとの出逢いにおいて子どもたちに「聞きづらい」という思いを抱かせているのですから。

一度、自分の指導言を録音してチェックしてみることをお勧めします。

⑶ 説明の命は「具体例」である

何かを説明しようとする場合、子どもたちにその説明を理解させられるか否かの決定的な要素は、具体例があるか否かです。その意味で、教師は説明において常に具体例を用意しておく必要があります。しかも、複数の具体例、できれば三つ以上の具体例を用意しておくのが理想です。

具体例は、①実際に教室内で実演できる事例、②子どもの日常の生活経験を想起させる事例、③これをすればこうなるだろうと実感できるような同質の因果関係をもつ事例、④一見異なるもののように見える二つ以上の事象が同じ構造をもっているという事例、という四種類があり得ます。説明すべき内容がその場にある日常の学校生活上のものであれば①を、学校生活にはないけれど子どもたちの経験の中にあり得るものであれば②を、子どもたちが経験したことのない抽象的な事象の説明なら③や④を用います。

①なら一度見せれば事足りますが、②は必ず複数の事例を、③④はできるだけ多くの事例を取り上げて、念を押す必要があります。

(4) 指示の命は「規模」である

指示には「教科書の一八頁を開いてください」「鉛筆を置いてください」のような〈一義の指示〉と、「〜はなぜでしょうか。『……だから』の形で一文で書いてください」「四人グループで話し合ってください。時間は八分です」のように、これから行う活動を促すような〈多義の指示〉とがあります。

子どもたちの集中を促したり授業に不可欠な準備をさせたりするための小さな〈作業指示〉ならば、いわゆる「一時一事の原則」に従って子どもたちの行動を細分化することになります。しかし、これからダイナミックな活動をさせようという〈学習活動指示〉の場合には、「『……だから』という一文で書いてください」「時間は八分です」のような〈規模の提示〉が不可欠になります。〈規模〉がわからないと、子どもたちはその活動の見通しをもつことができません。その見通しをもてないという状態が、子どもたちの意欲を減退させ、子どもたちの活動を散漫なものにさせてしまうのです。

⑸ 発問の命は「子どもたちの分化」である

「〜って何ですか？」「〜はいつですか」「〜はどこですか」「〜したのはだれですか」等の発問はたいていの場合、一問一答になります。子どもたちにとっては、わかるかわからないかしかないからです。しかし、「〜はなぜですか」「どのように〜したのですか」という発問は、答えが分かれる可能性があります。それは子どもの認知・認識・イメージを問うているからです。

５Ｗ１Ｈにもこうした違いがあります。「何」「いつ」「どこ」「だれ」は、教師がずばり説明してしまってもそれほど影響のない発問です。「なぜ」「どのように」には問う価値があります。前者は確認のための発問ですが、後者は集団思考するための発問です。子どもからみれば、前者は指摘すれば事足りますが、後者は解釈を施さねばなりません。この解釈を表出させ、子どもたちが解釈の違いによる複数の立場に分化される、これが発問機能の第一義なのです。

授業は集団で行われます。集団で行われることが最も機能するのは違いが明らかになったときです。その違いを対比したり類比して精査していく、その入り口となるのが発問なのです。

(6) 事象の説明の命は「見える化」である

子どもたちにある事象を具体例を用いて理解させようとする場合、その核心は〈見える化〉にあります。〈見える化〉には次のような四つがあります。

一つ目に具体物の提示です。そのものの実物を見せたり、起こる現象をその場で見せたりします。教室に実物を持ち込んだり、理科で実験を見せたりするわけです。また、モニターに写真や絵を映したり、実際の映像を見せたりすることもこれにあたります。二つ目にモデル機能です。要するに教師が実演してやって見せるわけですね。良い態度や良い姿勢、良い話し方・聞き方など、動作や作用、状態や感情を示すのに適しています。三つ目に図示です。黒板やモニター、スクリーンに絵を描いたり、構造を図示したり、わかりやすいように表にまとめたりします。

もう一つ、重要なのは描写です。現実には存在しない構成概念・抽象概念を教えるときには、「例えばかくかくしかじかのことがあったとき、きみならどうする?」と具体的な状況を描写しながら、あたかもその状況に自分がいるよう追体験させて心情を想像させる必要が出てきます。

(7) 方法の説明の命は「見通し」である

例えば、四人グループでの話し合い方を説明するとしましょう。
まず、「このグループで説明しますよ」と言って、あるグループに近づきます。「最初に、このＡさんがかくかくしかじかと意見を言います。この間、だれも質問や反論はしません。その後、時計まわりにＢさん、Ｃさん、Ｄさんと意見を言っていきます。四人が言い終わると、だいたいみんな『ああでもない、こうでもない』と話し合いたくなりますから、その意欲を発散して議論を始めてください。そして、四人でなんとか『こういうことなんじゃないか』という合意形成を図ってください。あとでグループごとに発表してもらいますから、だれが発表するかも決めます。これを八分で行います」

このように、最初から最後までの動きを順を追って説明して見通しをもたせます。その後、「いいですか？　まず全員が意見を言う、その後議論する、合意形成を図る、発表者を決める、という四段階です。時間は八分です」と念を押します。

(8) 起こり得るミスを事前に伝える

ある程度の長さのある活動方法の説明をしたら、必ず「何か質問はありませんか？」と質問を取ります。たいていの場合、教師の説明がわかりやすければ質問は出ません。それが良い説明だったか否かの試金石になります。ただし、わかりやすい説明は、子どもたちに「なんとなくわかったような気」にさせてしまうというマイナス面もあるのです。教師はこういう細かな、小さなところにまで目を向け、配慮を重ねる必要があります。

こうしたときには、「前に同じようなことをしたときに、こういうミスがあったので気をつけてね」とか、「よくあるのが、～を～だと勘違いして、～しちゃったりする場合があるんだけど、大丈夫かな？」などといった、〈起こり得るミス事例〉を事前に伝えてしまうと効果的です。

子どもたちは「ああ、オレだ～」とか「勘違いしてた～」とか言って、もう一度確かめようとするようになります。教師に多くの経験がないとできないタイプの指導言ですが、実はこうした本筋でない、挿入的な指導言が授業を機能させることが決して少なくないのです。

(9) 指導言には「攻め」と「受け」がある

これまで指導言に関する八つの原則を述べてきました。しかし、これらはすべて、教師が指導案を進めていくための指導言の原則です。いわば〈攻めの指導言〉ですね。しかし、指導言には〈受けの指導言〉というものがあります。指導案上にある指導言ではなく、実際に子どもの反応を見たり聞いたりした後に、その応対として発せられる指導言のことです。

〈攻めの指導言〉は事前に準備することができるので、力量のない教師でも発することができます。しかし、〈受けの指導言〉は子どもたちの反応を受けて、その場で臨機応変に教師が反応することを指します。従って、教師の人間性がストレートに出ますし、教師の力量があからさまに出る指導言です。

そして大切なのは、授業の構成をつくるのは〈攻めの指導言〉ですが、授業の雰囲気をつくるのも授業の機能度を上げるのも〈受けの指導言〉である、ということです。教師に研究とともに修養が必要だとされる所以の一つがここにあります。

⑽ 「間」も指導言である

子どもたちがざわついているときに、教師が黙っていることがあります。おしゃべりをやめない子に視線を合わせます。それに気づいた子からおしゃべりがおさまっていきます。だれもが経験したことのある教室風景です。

子どもが突飛な意見を言います。教師が目を丸くして沈黙します。目を丸くしたまま、たっぷり間をとった後に、ふと、「たまげたなあ！」と言います。教室が一気にはじけます。こんな教室風景も経験したことがあるのではないでしょうか。

教師が「いいかい？　大事なことを言うよ……」と言って、にやりと笑います。子どもたちはひたすら先生の次の言葉を待っているわけですが、教師はにやりとしたまま、なかなか次の言葉を発しません。教室が緊迫した沈黙に包まれます。これもだれしも経験したことがあるでしょう。言葉と言葉の間にある沈黙……、〈間〉もまた指導言であるということです。指導言の最高峰は〈間〉を的確、適切に操ることと言っても良いほどです。授業名人の多くは〈間の名人〉です。

4　授業の機能度

「指導言の十箇条」を紹介しました。しかし、これらの十箇条の一つひとつを独立して考えてはいけません。例えば、「子どもたちの意見がうまく分かれるような発問をつくれば良いのだ」とか、「子どもが見通しをもてるような説明さえすれば良いのだ」とか、一つひとつの指導言を別々に考えてはいけないのです。

一時間の授業には「流れ」があります。Aを理解したうえでBを理解する、AとBの理解を前提としたうえでCについて考えて意見を交換する、例えばこうした「流れ」ですね。授業の主役はあくまでこの「授業の流れ」「指導の流れ」「子どもたちの思考の流れ」であって、決して指導言が主役になることはありません。

あくまで「授業の流れ」を主軸に据えながら、その流れを機能させるにはどういった指導言が必要なのか、どの場面で見通しをもたせ、どの場面で的確な説明をし、どの場面で発問をして思考させるのか、その際どんな指示が必要になるのか、こういう順番で考える必要があります。指導言の技術は、教師が子どもをコントロールするために磨くのではありません。あくまでも子どもの理解を、子どもの活動を、子どもの思考を潤沢に機能させるために磨くのです。

「教育技術に使われる教師」になってはいけない……。指導言についての提案の最後に、このことを強調しておきたいと思います。

六 ＡＬ型授業とリフレクション

1 活動概念と機能概念と

リフレクション——一般的に「内省」と訳され、ＡＬ型授業に不可欠とされる学習プロセスの一段階です。しかし、勘違いしていただきたくないのは、リフレクションは何もＡＬ型授業でのみ機能する学習プロセスではない、ということです。ＡＬ型授業に限らず、一斉授業であろうと講義型授業であろうと、リフレクションは機能します。その授業が活動的であったか受動的であったか、学習形態が講義形式であったか発問指示型であったか、調べ学習であったか小集団交流であったか、そうした授業の現象的な側面とリフレクションが機能するか否かは、実は関係がありません。

例えば、こんなふうに考えてみましょう。

あなたは毎月、職員会議に参加しています。毎週、学年の先生方と学年打ち合わせもするでしょう。職員会議や学打ちはそこで行われる話し合い、その議論に自分も参加している。そこでの決定事項には従わなければならない。いわば、今後の自分の行動を規定する会議です。しかしそれらの会議が「議論」とは名ばかりで、例年通りの動き方の確認に終始することは現実的に決して少なくありません。その議題が運動会であろうと遠足であろうと学習発表会であろうと、あなたは昨年度もその学校に勤務していたので、どのように動けば良いのかは大筋わかっています。「そうそう。この行事はそういうふうに動けばうまく回るんだよね」と内心で確認することになります。今年もこの行事での自分の役割は見えた。うん。ひと安心だ。あなたはそんなふうに感じるでしょう。

しかし、です。

ここで、「では、今日の会議で自分がどのように変容したか、何を学んだか、振り返って学びを整理してみましょう」と言われたらどう感じるでしょうか。正直、「そんなものないよ」と思わないでしょうか。「だって、例年通りの動きを確認しただけだもん。もともと知ってることを再確認しただけだもん」と。

それでもどうしても学びを整理しろと強制されたらどうでしょう。きっとあなたは、「行事には事前の綿密な準備が大切だ」とか「先生方みんなが役割分担しつつ、協力しながら取り組むことが大事だ」とか、ありきたりのテキトーなことを書いて提出しはしないでしょうか。

僕の言いたいことがそろそろおわかりかと思います。実は私たちはＡＬ型授業とリフレクションの関わりにおいて、これと同じようなことを子どもたちに強いてはいないでしょうか。僕はそう投げかけたいわけです。

逆にこんなこともないでしょうか。ある講演会を聴きに行った。講師は著名な実践家である。最初はとっつきにくいなあと感じていた講演も、話が進むにつれて「なるほど」と惹き付けられた。これまで自分が考えたこともない視点だった。講師が最後の挨拶をしたときには、目が見開かれる思いで思わず拍手をしていた。あまりに強く拍手したせいで、手のひらが痛くなったほどだ。実は最初はそれほど乗り気ではなかったのだが、同僚に誘われてしぶしぶ参加した講演会だった。でも、来て良かった。明日から子どもたちを見る目、授業をつくる視点が変わりそうだ。そんな確信を得て帰路に就いた。

少々大袈裟に書きましたが、仮にこうした経験をした場合、わざわざ「リフレクションしろ」などと言われなくても「自分はなぜ、これまでこうした視点をもてなかったのか」「自分の実践はこれからどのような方向に進んでいくべきなのか」と考えてしまうのではないでしょうか。もしかしたらベッドの中でさえ興奮冷めやらぬままに、ああでもないこうでもないと寝る間を惜しんで考えてしまうかもしれません。そして実は、こうした自発的な、或いは自然発生的なリフレクション機能こそが「リフレクション」の名に値するのであり、もっと言うならこれこそがリフレクションの「理想型」とさえ言えるのではないかと思うのです。

職員会議や学年打ち合わせは、講演よりも現象的にはＡＬ型授業に近いはずです。講演は職員会議や学打ちよりも一斉授業や講義形式授業に近いはずです。でも、ＡＬ型授業に近いからリフレクションとというプロセスがあるべきなのでもないし、一斉授業だからリフレクションが必要でないわけでもないのです。僕はまず、読者の皆さんにそれを理解していただきたいのです。

僕はＡＬを「活動」概念ではなく、「機能」概念であると方々で主張しています。本書でも何度も繰り返し述べてきました。ここで例に挙げた職員会議や学年打ち合わせは現象的には話し合っているように見えて、実は議論しているのではないのです。みんなで昨年度どのように動いたかを想い出しているだけなのです。そこに学びはありません。発見もありません。ましてやブレイクスルーなどあるはずもありません。しかし、この講師の講演には学びがあり、発見があり、これまでの教師としての在り方を覆しかねないブレイクスルーがあったのです。ＡＬとは現象が問題なのではない。その人にどう機能したかが、ただそれだけが問題なのだ。僕が言うのはそういうことです。この職員会議や学打ちはいくら「話し合い」「会議」と呼ばれていたとしてもＡＬではありません。しかし、この講演は確かに「機能」としてＡＬだったのです。

2　カタルシス機能とリフレクション機能と

あなたは「そうは言っても……」と思うかもしれません。学びだって、発見だって、ブレイクスルーだって、活発な交流、活発な議論からの方が生まれやすいはずなのでは？　と。確かにその通りです。しかし、この「活発」という言葉が問題なのです。ＡＬ型授業に必要とされる「活発さ」は決して現象的な活発さではないのです。その機能性が活性化することなのです。

あなたは「カタルシス」という言葉をご存じでしょう。一般に「浄化」、或いは「浄化作用」と訳されます。悲恋映画を見て涙があふれ、その涙を流したことで気持ちがスッキリする。暴走族がバイクを猛スピードでぶっ飛ばしてスカッとする。夏休みに海外旅行に出かけてワクワクした非日常を過ごし、日常気分の膿を出して「また頑張ろう」と思う。こうした「スッキリ」や「スカッ」や「ワクワク」にあたるのが「浄化作用」、つまり「カタルシス」です。

実は一般にAL型授業の典型と目されている小集団交流やワークショップ、ファシリテーション型授業は、必然的に、ここで言う「スッキリ」や「スカッ」や「ワクワク」にあたるようなカタルシス機能をもつことが多いのです。しかし、それは決して「学び」でも「発見」でもありません。ましてや「ブレイクスルー」であるはずもありません。もちろん、涙を流すとスッキリするという自己理解はできるかもしれません。スカッとすると日常が生き生きすることも学べるかもしれません。非日常空間で楽しむと精神が浄化され、その後一定期間頑張れるということも学べるかもしれません。でもそれを学んだとして、毎日悲恋映画を見続けるのでしょうか。毎晩バイクをぶっ飛ばすのでしょうか。海外旅行だって年に一度か二度しか行けないから非日常なのではありませんか？　年に十二回行ったら一回一回のワクワク感は薄れてしまうはずなのです。毎月海外旅行に行ってしまったら、海外旅行が「非日常」ではなく「日常」になってしまうのだから当然です。

そして多くのＡＬ型と称される授業において成立している現象的な活発さは、「学び」や「発見」や「ブレイクスルー」という機能ではなく、「カタルシス」という機能しか果たしていない場合が少なくないのです。「カタルシス」機能を振り返っても、「友達とたくさん話せて楽しかったです」とか「いっぱいいいろんな意見を聞けてなるほどと思いました」とかいう言葉しか出てきません。そしてそれは、実は「映画見ていっぱい泣いちゃって、ほんとスッキリしたの……」とか、「バイクぶっ飛ばしてめっちゃスカッとしたぜ！」とか、「ハワイで綺麗な景色見て、おいしいものいっぱい食べて、ほんとリフレッシュした！」とかいった言葉と同質のものに過ぎないのです。もちろんこれはこれで悪いことではありません。しかしあなたは、こうした思いに「内省」という言葉を与えられるでしょうか。違和感を抱かないでしょうか。

この違和感、つまり現象的な活発さに潜むカタルシス機能とリフレクション機能とのズレを感じる感性こそが実は本質的な問題なのです。そしてカタルシスではなく、「内省」が自然発生的に生じるような「深い学び」「新たな発見」「ブレイクスルー」といった機能をＡＬ型授業でどのように成立させるか、そうした厳しい目を自らの授業に向けることが大切なのだろうと思うのです。

しかし、もちろんすべての授業において「内省」が自発的に生まれるような「深い学び」「新たな発見」「ブレイクスルー」を成立させるのは至難の業です。「至難の業」と言うよりも「ほぼ不可能」と言った方が良いかもしれません。それはもしかしたら、神の領域でさえあるのかもしれない。しかし、それが「神の領域」だからと諦めてしまうことと、「神の領域」と知りつつ方向性として常に意識し続けるのとでは、授業実践の質に雲泥の差が出ます。僕たちはこの「雲泥の差」において「雲」をつかもうとし続けなければなりません。でないと、「ＡＬ型授業の最後はリフレクションね」と形骸化したリフレクション活動を続けることになったり、ほんとうはカタルシスの機能しか果たしていないのに「子どもたちが盛り上がったからリフレクションが成立している」という勘違いに陥ってしまいます。それは避けなくてはなりません。

では、どうするか。

3　リフレクション機能とポートフォリオ評価

あなたは「リフレクション機能」にとって最も意識しなければならない大切なものは何だとお思いでしょうか。少しの時間、胸に手をあてて考えてみてください。

……。

いかがでしょうか。

実は、リフレクション機能にとって最も大切な要素は「時間」です。

例えば、一時間のＡＬ型授業において最後にリフレクションの時間を設けて振り返る。このとき、その一時間で「学び」や「発見」や「ブレイクスルー」が成立していたとしましょう。しかし、リフレクションとはその「学び」の内容そのものを振り返り検討することではありません。「発見」の内容そのもの、「ブレイクスルー」の内容そのものを振り返り検討することでもありません。「リフレクション機能」とはその学びが成立する以前の自分と以後の自分、その発見の前後の自分、そのブレイクスルーの前後の自分を比較しながら、「なぜ、その学びや発見やブレイクスルーが自らにとって有意義であり有益であったのか」を検討する試みなのです。そしてそれ以前の自分はその新しい世界、新しい世界観になぜ気づかなかったのか、なぜ気づけなかったのかを省みる試みなのです。そしてできれば、この構造と同じ構造で、自分の思い込みやバイアスによってまだまだ気づいていない、気づけていない世界があるのではないかと、「未来志向で考えられる構え」をもつ試みなのです。要するに「リフレクション」（＝内省）とは、過去・現在・未来の連続した時間軸の中に、いまこの現在の「学び」「発見」「ブレイクスルー」を経験した自分を位置づけてみる、ということなのです。ここに本質があります。

ということは、です。

毎日毎時間「深い学び」や「新たな発見」や「ブレイクスルー」を成立させることは不可能としても、日常的な「浅い学び」や「ちょっとした気づき」や「些細な驚き」を集積していくことは可能なのではないでしょうか。それが例えば十時間分たまったらどうでしょう。一ヶ月分たまったらどうでしょう。それが三ヶ月分たまったらどうでしょう。それは一時間のＡＬ型授業で成立した「深い学び」「新たな発見」「ブレイクスルー」に優るとも劣らない、いや実は一時間の授業で成立したものなどとは比較にならないほどに大きく、質の高い「深い学びの種」「新たな発見の種」「ブレイクスルーの種」にならないでしょうか。だってそれは、長い時間をかけて子どもたち一人ひとりが、小さいとはいえ学んだり気づいたり驚いたりしたことなのですから。

要するに、僕があなたに問いかけたいのは、そうした日常の授業における「浅い学び」や「ちょっとした気づき」や「些細な驚き」をノートやワークシートに記録させていますか？　ということなのです。授業の自己評価でもいいし、毎時間の学習感想文でもいいし、振り返りジャーナルでもいいし、毎時間課題に即した短作文を書かせるでもいい。その記録が十時間、一ヶ月、三ヶ月という単位で集積されたとき、それは子どもたち一人ひとりのリフレクションにとって「宝の山」として機能するのです。

その「宝の山」に十時間に一度、一ヶ月に一度、三ヶ月に一度、時間軸に沿ってすべてに目を通して、自分の成長や課題について考えてみてはどうでしょう。学期末にはそれを学期の反省として作文化や図解化してみてはどうでしょう。年度末には一年分の「学び」や「気づき」や「驚き」を分類し検討したうえで、今年度の自分の成長とともに次年度への課題を具体的に考えてみてはどうでしょう。そこには一時間のＡＬ型授業などでは決して得られない、人生を左右するような成長実感や問題意識が生まれてくるのではないでしょうか。小・中学生の授業に何を大袈裟なことを言っているのだという向きもあるかもしれません。しかし、僕は決して大袈裟ではなく、それは小学生・中学生にもちゃんと機能する「学び」というものの「本質」であり、「理想型」だと思うのです。やってみたことのない人には、それが実感として理解できないだけです。

小学生であろうと中学生であろうと大人であろうと老人であろうと、日々いろいろなことに学び、気づき、驚く毎日を過ごしています。その連続こそが人生なのです。しかし、多くの人たちはその「学び」や「気づき」や「驚き」を小さなものと思い、大事なものだと思わず、記録することなく散逸させてしまいます。結局一切の記録に残らず、忘却の彼方へと去らせてしまいます。それどころか、それらが去って行ってしまったことにさえ気づかないのです。僕にはそれが人生を左右するほどにもったいないことだと思われます。もしも義務教育のうちにそれらを記録し、ある一定の時間軸に従って振り返る習慣を身につけたなら……。それは人生を大きく変えるのではないか、そんなことさえ夢想します。

さて、心ある読者は、もう僕がここで言っているのが、いわゆる「ポートフォリオ評価」の機能のことだということにお気づきのことでしょう。

僕はポートフォリオ評価推進論者です。

第五章

ＡＬ型授業と特別の教科・道徳

ともあれ、まずは僕の道徳授業を一つ、紹介するところから始めたいと思います。

一　主文　被告人を懲役…年に処す

1　「裁判員」になってみる

皆さんは「裁判員制度」を知っていますね。正確には「裁判員の参加する刑事裁判に関する法律」という法律で定められています。二〇〇四年五月に成立、二〇〇九年五月に施行されました。当時は国を挙げてずいぶんと話題にもなり、議論にもなったものです。

裁判員制度はWikipediaによれば、次のように説明されています。

裁判員制度は、日本に約1億人いる衆議院議員選挙の有権者（市民）から無作為に選ばれた裁判員が裁判官とともに裁判を行う制度で、国民の司法参加により市民が持つ日常感覚や常識といったものを裁判に反映するとともに、司法に対する国民の理解の増進とその信頼の向上を図ることが目的とされている。

裁判員制度／裁判員の参加する刑事裁判に関する法律

2004（平成16）年５月21日　成立
2009（平成21）年５月21日　施行

裁判員制度は、日本に約１億人いる衆議院議員選挙の有権者（市民）から無作為に選ばれた裁判員が裁判官とともに裁判を行う制度で、国民の司法参加により市民が持つ日常感覚や常識といったものを裁判に反映するとともに、司法に対する国民の理解の増進とその信頼の向上を図ることが目的とされている。

①　国民の一般感覚を判決（有罪・無罪の判断、有罪の場合には量刑）に反映
②　国民から遠い裁判に参加することで司法を身近に

難しく書いてありますが、要するに「裁判員制度」の目的は二つです。

①　国民の一般感覚を判決（有罪・無罪の判断・有罪の場合には量刑）に反映すること
②　とかく国民から遠いと言われる裁判に参加することで司法を身近なものにすること

この程度の簡単な説明をしたうえで、授業のフレームを提示します。

今日はこの二つの目的に沿う形で皆さんに「裁判員」になってもらいます。

2　有罪ですか？　無罪ですか？

これから皆さんに考えてもらおうとしているのは、二〇一五年二月に実際に起こった事件です。「裁判員裁判」は重大な犯罪に対する裁判でのみ行われる制度ですから、今回は殺人事件を題材とします。

では、事件の概要を説明しましょう。

二〇一五年二月二日のことです。東京都中央区新川にあるマンションで血だらけの男性が見つかりました。その後死亡が確認され、警視庁は殺人事件で、二十代の女性を逮捕しました。

殺人容疑で逮捕されたのは、同マンションに住む無職・上地まりな容疑者（仮名）、二十八歳です。発表によると、上地まりな容疑者は、現場マンションで同居する交際相手の男性（四十八歳）を、刃物で刺したうえで金属バットで殴って殺害したということです。上地容疑者から連絡を受けて現場を訪れた元同僚の男性が一一〇番通報し、事件が発覚しました。亡くなった男性と上地容疑者は交際し同居していたということですが、男性から別れ話をもちだされ、その話がもつれたということです。
室内からは、凶器に使われたとみられる血の付いた金属バットや包丁などが見つかり、警察での取り調べに対して上地容疑者は「私がやったことに間違いありません。最近、別れ話をされていた。殴ったり刺したりした」「別れるくらいなら殺すしかなかった」「殺そうと思って、刃物と金属バットを買いに行った」などと供述し、容疑を認めているということです。

これをスライドを用いて説明したうえで、次のように問います。

さて、有罪ですか？　無罪ですか？

これについては、生徒たちも全員一致で「有罪」です。被告が起訴事実を認めており、証拠も複数挙がっているわけですから、有罪・無罪は争われないでしょう。問題は量刑ですが、本来の「裁判」は検察側からの求刑があり、そのうえで裁判員の判断があるわけですが、今回は生徒たちの感覚で考えてもらいたいので、求刑については扱っていません。

> では、量刑はどのくらいが妥当と思いますか？
> 量刑には
> ① 死刑
> ② 無期懲役
> ③ 懲役〇年
> の三種類があります。有期懲役刑を選ぶ場合には何年とするのが良いのか、ズバリ、数字も書いてください。理由とともに書きます。理由はメモ程度、箇条書きで構いません。一般の裁判では裁判官が判例を説明しますが、今回は皆さんの感覚で答えてほしいので、それは考えないことにします。
> 周りと相談しないで、自分の感覚で答えてください。では、どうぞ。

生徒たちは事例が殺人事件なので、一般感覚と比べて割と厳しめに判断する場合が多いようです。四十人学級なら三～五人は死刑を選択する者がいます。また、八～十人程度は無期懲役を選択しました。有期懲役も二十年以上にする生徒たちが多く、判例に対する知識がないとはいえ、中学生の「人を殺す」ということに対する感覚を垣間見るようで、教師としてはずいぶんと参考になりました。裁判員制度が始まって以来、厳罰化の傾向が強まっているわけですが、やはり中学生は時代の風を真正面から吸い込んでいるのだろうと感じた次第です。

①死刑、②無期懲役、③懲役二十六年以上、④懲役二十一～二十五年、⑤懲役十六～二十年、⑥懲役十一～十五年、⑦懲役十年以下と分けて、学級全体の分布を取って全体で確認した後、グループでどのくらいの量刑が妥当なのかを話し合うことを指示しました。実際の裁判員は六人ですが、六人では発言機会が減ってしまうので四人グループとしました。ここではそれぞれの感覚を共有し、どのような論理で量刑を決めるのかという構えをつくることに主眼があるので、特に細かい指示はしませんでした。五分程度の交流で各グループに量刑だけを発表させます。七学級で授業にかけましたが、大抵の場合、どの学級でも死刑はこの時点で消えることが多いようです。

さて、裁判の論点を整理しましょう。

① 二人は四十八歳と二十八歳という年齢差が二十もある年の差カップルです。二人の関係において、主導権は圧倒的に男性側にあったと考えられます。要するに上地

被告としては逆らいづらかったということですね。

② 上地被告は事件当時無職。要するに経済的に男性に依存している関係でした。男性と別れたら食べていけなくなると感じたかもしれません。

③ 二人は元銀座のクラブの従業員とホステスでした。職場で知り合って付き合い始めたわけですね。

④「別れるくらいなら殺そうと思った」という短絡的な動機が語られています。ただこれだけではただの感情的な女性という話になってしまいますから、上地被告が男性になんと言われたのかを確認しておきましょう。

上地被告によると、男性は上地被告にこんなふうに言いました。

「お前にもう愛情はない。あるのは情けだけだ。空気のようにしていろ」

上地被告はこの発言に憤ったと供述しています。

⑤ 上地被告はこの台詞を言われて殺意を抱きます。その後、金属バットと包丁を買いに出かけています。要するに、殺意を抱いてから凶器を買いに行き、それを使って殺害しているわけです。一般的に考えて、ある種の計画性のようなものが読み取れます。

以上の論点を提示したうえで、再び量刑を個々人で判断、その後、グループでもう一度話し合います。生徒たちには殺意を抱いてから凶器を買いに行っていることを重く見る者と、男性の台詞がひどすぎると上地被告に同情する者と、両者に分かれます。それがここでの議論を白熱させます。ただし、グループの判断としては、最初の判断とそれほど違わない判断が示されることが多いようです。男性の台詞で一～三年程度量刑が短くなるというグループが多くありました。

量刑には影響しませんが、実は、上地まりな被告はマスコミやネット上で「美しすぎる殺人者」と呼ばれ、そのルックスの美しさが話題になった被告でもあります。

こう言って、証人の証言を三つと弁護士の意見陳述を提示します。

【証人1】
はい。私は銀座で現役ホステスだった彼女と同じビルで働いていました者です。話したこともありますが完全に「男」ですよ。身長が一八〇センチもあって。それに身長が高い以前に骨格が男性で声も男の声です。性格的にも問題がありました。同じ店で働いてた女の子がそういうお薬を処方されてるのを見たと言っていたので、性転換してるんじゃないでしょうか。

【証人2】

はい。ある店で同僚でした。彼女、高級店を転々としていました。でも、試用期間の一、二ヶ月で辞めさせられちゃうんです。指名も取れないし、お客さん扱いがうまいタイプでもないし。身長が百八十センチ近くあって、ごつい印象なんです。喉仏も出ているから「男なんじゃないか」と思われることもありました。

そんななか唯一、一年くらい続いた店の幹部社員だったのが、Aさんでした。彼はとても面倒見がよかったから、情が移っちゃったのかなぁと感じていました。上地被告が頼れたのはAさんだけだったんじゃないかなあ、と思います。

【弁護人】

上地被告は元男性で、二十歳のときにタイで性転換手術を受け女性になりました。

現在は戸籍も女性です。幼少時から性別に悩み、親から「男らしくしろ」と怒られていたことや、仕事が長続きせず友人ができない苦しさを抱えていました。

性同一性障害の他、知的障害、自閉スペクトラム症と三つの障害があり、事情を酌むべきだと考え、情状酌量を求めます。自閉スペクトラム症の影響で、被告にはコミュニケーション能力の欠如、興味のあるものだけに執着、考えの軌道修正が苦手といった特徴があったと思われます。


【証人３】

はい。上地さんの実家と同じマンションに住んでいます。

あのお宅は、背の高い息子さんと同じくらい背の高い娘さんの四人家族だと思っていました。ただ、お子さん二人が一緒のところを見たことはありません。息子さんはエレベーターには絶対一緒には乗りませんでした。自分でボタンを押しておきながら、同乗者が来ると家の中に引っ込んでしまう。そういうことが何度もありました。それは、美人の娘さんも同じでした。

中学校一年生から高校三年生まで不登校で、ほとんど外に出ることはありませんでした。引きこもったのはいじめが原因だと近所ではなんとなく噂になっていました。

以上が証人三人と弁護人の陳述として挙げたものです。裁判の情報やネット上の記事から僕が創作したものですので、実際の事件とは無関係です。ただ弁護人がこれに非常に近いことを述べていたのは確かです。


さて、上地被告はもともと男性で性同一性障害、性転換手術を受けています。

また、知的障害や自閉スペクトラム症の影響もあり、凶器を買いに行った時間があったにもかかわらず殺人を思いとどまらなかったのにもその影響があると考えられます。

さあ、もう一度、量刑を考えてもらいます。量刑は懲役何年が相当ですか?


三度(みたび)、個人で考えたうえで四人で話し合います。ここでは大幅に減刑するグループが多くなります。これもまた一般感覚なのでしょう。

いずれにしても、ここまでは生徒たちも上地被告の犯罪をどう裁くべきかという第三者視点に夢中になります。裁判員裁判を模したこのやりとりも生徒たちを夢中にさせる仕掛けとして機能しています。

しかし、この授業の本番、山場は実はこれからなのです。

2 私たちに責任はないのか

これは実際に起こった事件をもとにした話なので、実はほんとうに裁判が行われ、判決も出ています。

検察側は「インターネットで殺害方法を検索するなど計画的で、殺意が強く、動機は自己中心的で身勝手」と指摘し、懲役十八年を求刑しました。被告人質問で上地被告は「初めは幸せだったが、『もう愛情はない。残っているのは情けだけだ。空気のようにしていろ』と言われ、殺しちゃおうという気持ちになった」と述べました。

裁判長は被告にもわかりやすいように三回も主文を繰り返してかみ砕き、懲役十六年を言い渡しました。「上地被告の自閉スペクトラム症や知的障害はごく限定的で、刑を減じる事情として考慮できないが、被告人には前科はなく罪も認めており、復帰後には父親のサポートも期待できる」と判決理由を述べました。

これが実際に下された判決です。現在は刑に服しています。
ここからＡＬが起動します。

さて、上地受刑者が事件を起こす十五年前。上地受刑者は二十八歳で事件を起こしていますから、十五年前は中学一年生です。彼女がまだ男子中学生として学校に通い、いじめられ、不登校になったとされている年のことです。

この十五年前、皆さんが彼女と同じクラスだったとしましょう。そして先生がその学級の担任だったとしましょう。私たちにはこの事件に対して、まったく責任はないのでしょうか。もちろん、法的には責任を追及されることはないでしょう。でも、『ああ、上地って子、いたよねえ』と笑っていていいものでは決してないと思うのです。私たちには彼女に何かしてあげられたこと、しなければならなかったこと、決してしてはいけなかったこと、がなかったのでしょうか。

この事件を扱うにあたって、僕が一番訴えたかったことがこのことなのです。
授業は次のように展開していきます。

これからこのことをじっくりと考え、話し合っていきます。
まずは、中学一年生のとき、上地受刑者が不登校になる以前、いったいどんなことが起こったと想像できますか？　皆さんの経験を踏まえて、具体的に想像してみましょう。性同一性障害があり、知的障害があり、自閉スペクトラム症で考えを修正するのが苦手……という男の子がクラスにいるのです。さあ、どんなことが起こるでしょうか。箇条書きしてみましょう。

生徒たちがどんなことを書き、どんな発言をしたのか、「差別」を中心としたいじめ事案の像を思い浮かべたわけです。僕としても活字にするのには抵抗があるのでここには書きません。ただ読者の皆さんがおそらく想像したであろうことと同じことを生徒たちも想像します。そしてそれを四人で交流します。

さあ、私たちは彼女に対して、何をしてあげられ、何をしなければならなかったのでしょうか。そして何をしてはいけなかったのでしょうか。
グループで話し合ってください。

二　ＡＬ課題四条件と特別の教科・道徳

もう既に何度も提示してきましたが、僕の考える課題の四条件は次です。

(1)答えのない課題
(2)複数で交流することにこそ価値をもつ課題
(3)子どもの将来に必要とされる課題
(4)一回性を実感させる課題

そして、僕の考える課題像は、この「主文 被告人を懲役…年に処す」で提示したような、こうした課題なのです。

この課題には答えがありません。少なくとも「これが正しい」という唯一絶対解はないはずです。もちろん、「いじめはいけない」「いじりもよくない」といったレベルの正しさはありますが、少なくとも生徒たちはそのレベルのことを言うわけではありません。もっと深い、もっと個人的なことを考えざるを得なくなります。自分がたいした理由もなくいじった級友、そんな具体的な顔さえ思い浮かべる生徒が出てきます。

そして、個々人が自分の思いと経験をもとにして個人的なレベルで考えるからこそ、複数で交流する価値も生まれるのです。一人では考えられない、一人で考えるとどうしても独り善がりに陥ってしまう、だからこそ複数で考えたい、そういう課題です。これを考えることは、おそらく生徒たちの人生にとって無益ではない。いま現在の学級の話だけでなく、高校生活においても、もしかしたら将来我が子が学齢期になった際にも生きるかもしれません。間違いなく、「子どもの将来に必要とされる課題」だと僕は感じています。

そして更には、そうした課題だからこそ、一回性が実感されるのです。数日後の自分はまた別の考えをもっているかもしれない、別のメンバーで話し合ったら別の回答が生まれるだろう、同じメンバーで一週間後に議論してさえ交流内容が同じになることはないだろう、そう思えるのです。

現在、発達障害は教育界のみならず、社会全体で議論され始めている重要なテーマです。ＬＧＢＴ問題は二〇一八年秋に一冊の総合誌が事実上の廃刊に追い込まれるほどの微妙なテーマでもあります。問題提起を投げかけた女性議員やそれを擁護した文芸批評家のごとく、僕のこの実践もある種の立場の人たちから見れば問題ありとされることを僕も承知しています。しかし、僕はこうしたテーマだからこそ、やはり生徒たちに投げかけたいのです。あの雑誌が廃刊になることで、あの議論は潰えることになりました。もう話題に上ることもほとんどありませんし、既に多くの人々は忘れかけてしまっています。あれがほんとうに正しい判断であったのか、私たちは省みるべきなのではないでしょうか。

もちろん、かの女性議員や文芸批評家を擁護しようというのではありません。しかし、くさい物に蓋をしたり、問題提起した人やその媒体を叩き潰すことで事足れりとするよりは、議論の場が用意され、その議論がしっかりと続いていくことの方がずっと大切だと思うのです。あのテーマは、間違いなく、答えのない課題について、複数で交流することに価値があり、将来的にも必要とされるテーマで、一回一回の議論がその躍動感を発揮する、そういうテーマだったと思うのです。


時代はいま、教科道徳の時代を迎えました。

これから教育現場からも「主体的・対話的で深い学び」の具体的提案が次々に発表されていくことでしょう。

僕の言うＡＬ課題四条件に最も的確に対応できるのは、もしかしたら道徳科なのかもしれない。僕は最近、そんなことを感じています。僕の道徳の実践については、『道徳授業で「深い学び」を創る』（明治図書出版・二〇一九年七月）をご参照いただければ幸いです。

あとがき

一日が終わり、人々が家路へと急ぐ頃、俺の一日は始まる。メニューはこれだけ――豚汁定食。ビール（大）。酒（二合）。焼酎（一杯）。酒類はお一人様三本（三杯）まで――。あとは勝手に注文してくれりゃあ、できるもんなら作るよってのが俺の営業方針さ。営業時間は夜十二時から朝七時頃まで。人は「深夜食堂」って言ってるよ。客が来るかって？　それがけっこう来るんだよ……。

TVドラマ版「深夜食堂」。小林薫演じるマスターのオープニングの台詞である。鈴木常吉の味わい深い歌声に続いて、どこか寂しげなアコースティックギターに折り重なるように小林薫がおごそかに語りかけてくる。

映像は夜の新宿。ビル街。タクシーが走り過ぎ、パチンコ店や消費者金融、ファストフード、ドン・キホーテといった、この時代、人々の欲望を満たすのになくてはならないものどもの煌びやかなネオンが映し出される。そのネオンの向こうに、雲を纏（まと）った三日月が現れ、カメラが切り替わるとその月がアップされる。人々がどれだけ消費に明け暮れ、ビル街がどれだけその背を高くしようとも、月は悠久の時間にわたってその姿を変えることはない。おそらくこの月の姿が「深夜食堂」の在り方を象徴しているのだろう。その証拠に、月の映像はその後、「深夜食堂」の唯一の食べ物メニューである豚汁の仕込みへと移ってゆく。消費が如何に人々を翻弄しようとも、文明が如何に人々を打算に縛ろうとも、真に人々をつなぎ、真に人々を生かしているのは「人情」であると……。人工的な世界にひっそりとたたずむ自然的なもの。それが「深夜食堂」の存在意義である。

思えば理想の教師とはこの「深夜食堂」のメニューみたいなものなのかもしれない。教師の立ち居振る舞いの軸は「人情」に置かなくてはいけない。それもどろどろの人情やずぶずぶの人情ではなく、いわば、「豚汁定食」のように日常的で、食べたいと思えばいつでもどこでも食べられ、そして人々の躰とともに心も温める。多くの食材が使われ、栄養もたっぷり。それでいて決していつもいつも食べたいというわけではない。おそらくは教師に必要とされる人情も、人々の日常に寄り添い、必要なときにそこにいて、子どもたちに栄養を与え、その心を温める、そんな人情なのである。

しかし大切なのは、それでいていつもそばにいて欲しいというわけではない、ということである。子どもが教師にいつもそばにいて欲しいと思うとしたら、それは異常事態だ。それは教師を信用しているとか信頼しているとかを超えて、教師に依存しているのである。

「深夜食堂」が酒類を一人三本までとするのも、客が食堂に依存するのを避け、自分の足で自分の生活を歩むようにとの配慮だろう。いわば、店と客との間に「ちょうど良い距離感」をつくるための手立て、それがこの注意書きの意味なのだと思う。人情は人々を近づけ、人々に心地よさをもたらすけれども、そこには適度な距離が必要で、近すぎる人情、依存する関係は人を駄目にする。一方が駄目になり身を崩したとしても、双方が駄目になり駄目な関係を続けたとしても、いずれにしても依存がもたらすのは「破綻」だ。

世の中はつかずはなれず隅田川

オダギリジョー演じる謎の客、カタギリが第一話で物語の〆に詠む句である。

ところが、「人情」だけで教師ができるわけではない。確かに教師の仕事は「人情」が軸となるけれども、それはあくまで仕事の軸、つまり矜持であって、日常的には子どもたちそれぞれの希望に沿わなければならない。「深夜食堂」のマスターだって「勝手に注文してくれりゃあ、できるもんなら作るよ」という営業方針を採れるのは、客が求めたメニューをつくる腕をもっているからこそなのである。腕、つまり「技術」である。「技術」のない料理人にこの営業方針は採れない。そしてそれと同様に、「技術」のない教師に子どもたちの希望は叶えられないのだ。

教育界には、教師は「人間性」である、「人間性」さえ高ければその他は主従の従であるという信仰がいまだに巣くっている。もちろん、それは一面の真理であり、「技術」は「人情」を軸に実践を重ねるうちに後からついてくる性質をもつ。しかし、それは料理人が修業するように、意識的に技術を身につけようとした者にのみ言えることであって、「人情」だけを重視し、「心」だけを大切にして日常に埋没する教師には決して到達し得ない境地である。「技術が後からついてくる」は、「人情」を軸に「技術」を意識的に身につけようと努力した者だけに与えられる特権なのだ。

しかも技術には、無駄遣いしない、納得できないときは使わないという抑制も必要だ。「深夜食堂」第一話に山中崇演じるチンピラがマスターの営業方針にかこつけて、「エスカルゴをつくれ」「ツバメの巣のスープをつくれ」と迫る場面がある。これをマスターは毅然と「そんな高級なものは置いてない」と退け、松重豊演じるヤクザがその姿に意気に感じて常連になるというくだりがある。「技術」を意識的に身につけると同時に、身につけた「技術」を意識的に使う、納得したときにのみ使うという姿勢もまた必要なのである。「技術」を「意識的に使う」とは、同時に「意識的に使わないことがある」ということでもある。この境地に到達するには、僕の経験上、二十年はかかると感じている。

ＡＬ型授業の技術とは、まさにそのような技術の代表なのかもしれない。

思ひで／鈴木常吉（「深夜食堂」オープニングテーマ）を聴きながら……

二〇一九年四月十六日　一学期六日目を終えた自宅書斎にて

堀　裕嗣

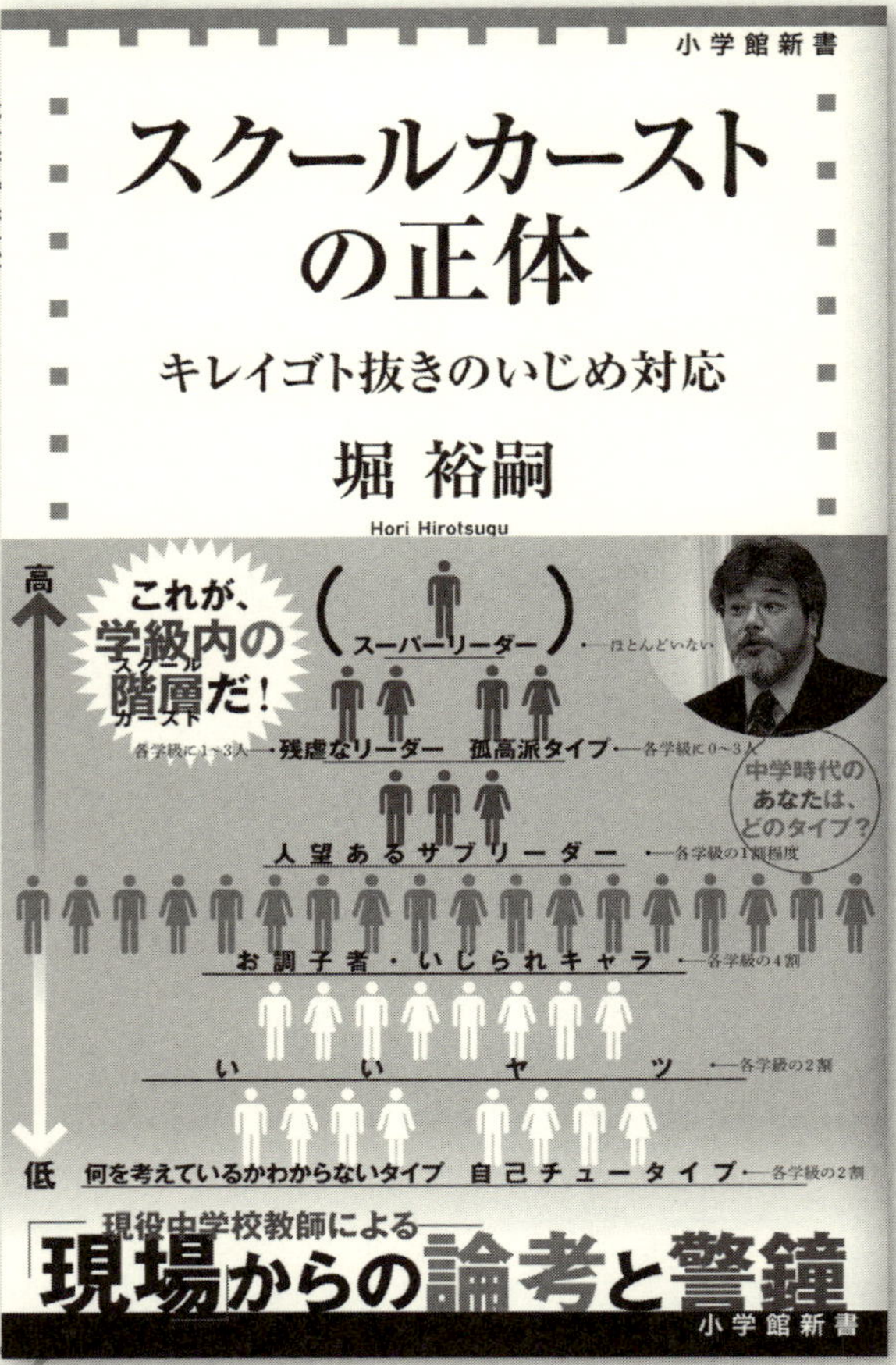
小学館新書
スクールカーストの正体
キレイゴト抜きのいじめ対応
堀 裕嗣
Hori Hirotsugu
高
これが、学級内の階層（スクールカースト）だ！
スーパーリーダー —ほとんどいない
各学級に1～3人—残虐なリーダー
孤高派タイプ—各学級に0～3人
中学時代のあなたは、どのタイプ？
人望あるサブリーダー —各学級の1割程度
お調子者・いじられキャラ —各学級の4割
いいヤツ —各学級の2割
低
何を考えているかわからないタイプ　自己チュータイプ —各学級の2割
現役中学校教師による
「現場」からの論考と警鐘
小学館新書

堀　裕嗣（ほり・ひろつぐ）
1966年北海道湧別町生まれ。1991年より、札幌市の中学校国語科教諭。現在、「研究集団ことのは」代表、「教師力BRUSH-UPセミナー」顧問、「実践研究水輪」研究担当を務めつつ、「日本文学協会」「全国大学国語教育学会」「日本言語技術教育学会」などにも所属している。『教師力入門』『教師力ピラミッド』（明治図書出版）、『学級経営10の原理・100の原則』『生徒指導10の原理・100の原則』（学事出版）、『スクールカーストの正体』『若手育成　10の鉄則　100の言葉がけ』（小学館）ほか、著書・編著書多数。

アクティブ・ラーニングの条件
しなやかな学力、したたかな学力

2019年 7月30日　　初版第一刷発行

著　者　堀　裕嗣
発行者　杉本　隆
発行所　株式会社　小学館
〒101-8001　東京都千代田区一ツ橋2-3-1
電話　編集：03-3230-5683
　　　販売：03-5281-3555
印　刷　萩原印刷株式会社
製　本　株式会社若林製本工場

Printed in Japan　ISBN 978-4-09-840189-5